地獄めぐり

加須屋 誠

講談社現代新書
2527

河鍋暁斎筆「地獄太夫と一休」（部分）　イスラエル・ゴールドマン・コレクション

はじめに

試みに、尋ねてみよう――「地獄はお好きですか?」と。

おそらく多くの人は「いいえ。私はできることなら死後に極楽へ行きたいと願っています。だから地獄は好きではありません」と答えることだろう。

そこで、質問を変えてみる――「地獄にご興味はありますか?」と。

「極楽に行きたいと思ってはいますが、万が一、地獄に堕《お》ちないとも限りません。だから、地獄とは一体どんなところなのか関心がないわけではありません」――そういった答えが返ってくることが多い。地獄に興味を持つ人は決して少なくない。それは、年配の方ばかりではない。老いも若きも男も女も、なぜか地獄に心惹かれる。

たとえば、女子大学にて美術史の講義をしていると、風景画についてよりも、肖像画についてよりも、地獄絵をテーマにしたとき、なによりまじめに学生たちは耳を傾けてくれる。そして、スライドで映し出される作品の数々やその細部の描写に学生たちの視線は集中する。教室は静寂に包まれる。とても不思議な雰囲気が生まれる。

若い彼女たちが皆、自分の死後の行く末を心配しているとは到底思われない。むしろ、彼女たちは今を生きる自分たちの感性に素直にしたがって、地獄絵に「まなざし」を向けているように感じられる。それが、不思議でしかたない。

美しいものに対して、心惹かれるのは自然なことだ。しかし、不気味なものに対しても、私たちの心は強く反応する。一体どうしてなのだろう？

そこで、私は考えた。私たちが地獄に関心を抱くのは、普段日常生活では気がつかない、意識を越えた次元にあるなにものかが、恐ろしいもの・おぞましいものを求めて止まないからではなかろうか。無意識のうちに、私たちは地獄に魅入られているのに違いない。

本書は、こうした想いから、読者を地獄へと招待するための案内記だ。

本書全体の構成に一瞥《いちべつ》を与えておこう。

まず第一章では、地獄が私たちを魅了する心理的な根拠を探ってみたい。心の奥底にある「暴力」と「エロス」の欲動が、目に見えるかたちで発現しているのが地獄である。このことに、私たちの地獄への関心の深さは関わっている。

続く第二章は、地獄をめぐる旅路の出発点。まずは「死の山」「三途《さんず》の川」「賽《さい》の河原《かわら》」などの地獄の入り口を散策する。いずれも、その名称はよく知られているが、歴史的には奥が深い。

そして第三章で、いよいよ地獄の内奥へと歩みを進めよう。後述するように、地獄はたとえるならば地下八階建てのビルのような構造をもつ。各階には、それぞれ独自の責め苦が用意されている。数々の責め苦は、かつて私たちの祖先が心中に思い描いた苦痛と恐怖が、具体的にイメージされたものである。

第四章では、地獄の冥官である閻魔王と対面する。閻魔王の裁きの場においては、明確な証拠の提出が求められ、それを根拠に適切な判決が言い渡される。そこは、今日の裁判所にも似た、公文書をやりとりする堅牢なお役所的な管理機構とみなされる。

第五章では、視点を変えて、かつて地獄絵を目にした古代の人々がそこに一体何を見出したのかを探ってみたい。彼らは現代の私たちと全く違う視座から地獄絵をみつめていたのかも知れない。あるいは意外にも、私たちと同じような感覚で地獄絵を目にしていたかも知れない。

絵を介して地獄を遠望した人たちではなく、実際に地獄に堕ちた人たちの証言を集めてみたのが、第六章だ。一旦地獄に堕ちたものの、再び現世に生還した人の話が、中世にはしばしば語られている。今日的な言い方をするならば「臨死体験」と呼べそうなものだが、現代のそれとはやや異なる。生き返るのは、個人の資質によるのではなく、神仏の霊験《れいげん》によるものと説かれる。言い換えれば、個人ではなく、社会の在り方が死者の蘇生を認めたのだ。神と仏が現実的な存在として信じられていた時代の、死生観が見えてくるだろう。

第七章では、近世から近代にかけての地獄観を考える。この時代は、人々の心のなかで現実世界の比重が増して、神仏の存在や死後の世界が徐々に軽んじられるようになった。しかし、この時代に至ってさえ、地獄を支える「暴力」と「エロス」の欲動は失われることなく、人々の心の奥底に潜んでいた。今もそれは変わらない。

こうした思索を経て、私が本書で明らかにしたいのは、次のことだ。

地獄とは、どこか遠くに存在する（あるいは荒唐無稽な空想のなかにある）場所ではない。地獄は私たち皆の心のうちにありながら、いつのまにか忘れ去られてしまった、どこか懐かしい、馴染みの場所であるに違いない。

私たちは地獄に心惹かれる。俗に云われるところの「恐いもの見たさ」という感情は、私たちの深遠な心の構造に支えられており、そして、それは遥か古代から現代へとつながる、とても長い歴史に根を張っているのだ。

〈おことわり〉本書には、今日の倫理観や社会通念からすると差別的とみなされる語句や表現が含まれる。しかし仏教経典や歴史資料に基づいて、地獄のイメージを明らかにすることが本書の目的であるため、典拠文献にしたがい、それらをそのままのかたちで掲載することにした。なお、第三〜四章については、筆者が執筆した『国宝　六道絵』「全場面解説」（中央公論美術出版、二〇〇七年）に新たな知見を大幅に加筆・再構成した。

目次

第一章　地獄の誘惑

地獄太夫

室町時代（十五世紀）のこと、泉州堺（大阪府堺市）高須《たかす》の地に一人の遊女がいた。名を地《じ》獄《ごく》太《だ》夫《ゆう》と云う。美貌の誉《ほま》れ高く、その噂を聞きつけた僧侶が興味本位で会いにでかけた。僧侶とは誰あろう——子どものころはとんち小僧として有名であった「一休さん」——大人になった一休宗純《いっきゅうそうじゅん》である。貞享元年（一六八四）刊行の『堺鑑《さかいかがみ》』という本には、このとき二人は次のような和歌を詠《よ》み交わしたと記される。

聞きしより見ておそろしき地獄かな（一休）
いきくる人もおちざらめやは（地獄太夫）

一休による上の句は「地獄という異界について色々なことを聞いていたが、実際に目《ま》の当たりにしてみると、そこはなお一層おそろしい所だな」と詠んでいるかのようにみせかけて、実は「噂には聞いていたが、会ってみるとおそろしいまでに美しい遊女だな」と地獄太夫の美貌を褒め讃えている。これに対して、彼女は下の句で「地獄は死者が堕ちる場所である」という常識を踏まえつつ、「ここに遊びに来る男たちは皆、私に誘惑され堕落していくのよ」とさらりと返している。機知に富んだ太夫の返歌に、一休自身も強く心を動かされたと伝えられる。

地獄太夫とは何者か？

本書の巻頭に最初の図版として掲げたのは、幕末から明治時代（十九世紀）に活躍した絵師・河鍋暁斎《かわなべきょうさい》が描いたところの、その姿形である。黒髪が豊かで、鼻筋の通った、たおやかな女性像とみなされよう。ここで注目したいのは、彼女の着る衣裳である。左袖には閻魔王と弁官、右袖には火に掛けられた釜と獄卒《ごくそつ》、そして三途の川べりで石を積む子どもの様子が描かれている。すなわち、地獄の光景が描き込まれているのだ。

暁斎に先立ち、その画業の師匠に当たる歌川国芳《うたがわくによし》もまた「地獄太夫」を主題とした絵を何枚か遺している。さらに、国芳の師匠・歌川豊国《とよくに》は文化六年（一八〇九）刊行の山東京伝筆『本朝酔菩提全伝《ほんちょうすいぼだいぜんでん》』の挿図として、この地獄の図柄の衣裳の全容を描いている（次頁・図1―1）。

高須阿曽比《たかすのあそび》
地獄《ぢごく》之《の》袿衣《うちき》
地獄《ぢごく》変相《へんさう》図《のづ》

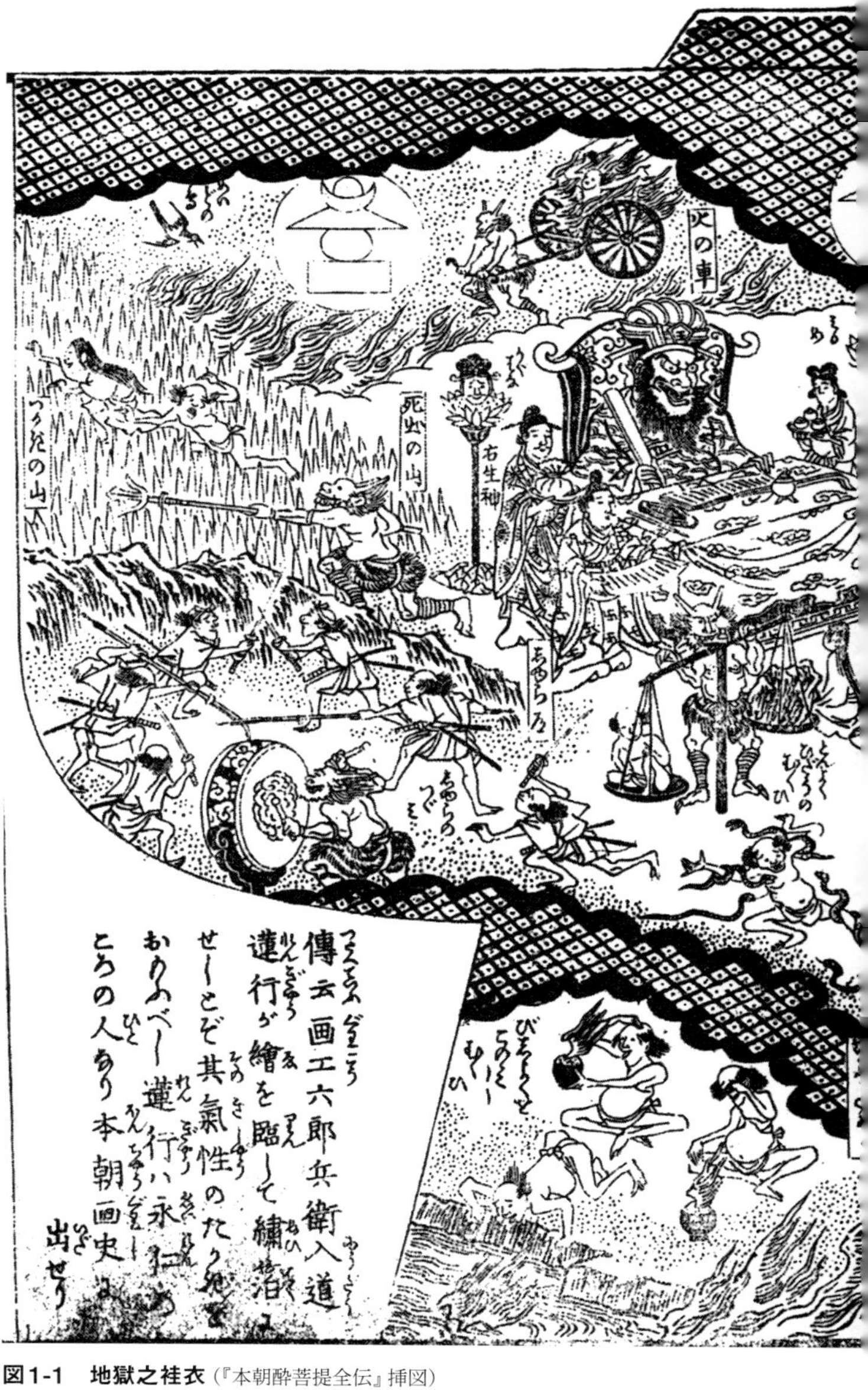

図1-1　地獄之袿衣（『本朝酔菩提全伝』挿図）

本図の左右下隅には次のように記される。

高須阿曾比《たかすのあそび》　地獄之袿衣《じごくのうちき》　地獄変相図《じごくへんそうのず》

伝云《つたえていう》　画工六郎兵衛入道蓮行《れんぎよう》が絵を臨して縫箔《ぬいはく》にせしとぞ。その気性のたかきをおもうべし。蓮行は永仁のころの人なり。本朝画史《ほんちようがし》に出せり。

この地獄の袿衣は、我が国中世の画工（絵師）の蓮行が原画を描いたものと説かれる。確かに、狩《か》野永納《のうえいのう》が延宝六年（一六七八）に序文を執筆、のちに刊行された画人伝である『本朝画史』には「蓮行」の名が見える。蓮行は、現在は奈良・唐招提寺が所蔵する「東征絵伝」（唐僧鑑真《がんじん》の渡航記）を描いた絵師として知られている。しかし、彼の手によって、このような袿衣が永仁年間（一二九三～九九）に制作されたのかどうかについては確かなことはわからない。そもそも、地獄太夫という遊女が実在したか否かさえも定かでない。歴史的な真偽は不明だが、かつて彼女の姿形は近世から近代へと至る長い時間をかけて、絵に見るようにその衣裳ともども詳細にイメージされてきた。そんな遊女伝説の系譜があった。このことは、疑いのない事実である。

あらためて、暁斎筆「地獄太夫」を見直してみよう。

遊郭に来る男達を色香で惑わせ、恋焦がれさせ、彼らの身も心も地獄に堕とす——地獄太夫の心の底にあるのは、こうした暗い情念であろう。それが、明るい極彩色の衣裳の上に、見るも鮮やかに表徴されている。地獄太夫は、かくも恐ろしくも魅惑的な女性のイメージとして捉えられている。彼女は世間で云われるところの、男を破滅させるファム・ファタール（魔性の女）であった。

しかし、一休との出逢いを契機として、地獄太夫は改心した。先の出逢いののち、一休と深い親交を結んだ彼女は、現世の無常を悟り、男たちの情欲を駆り立てるのではなく、それを冷ますことを自らの使命と考えるようになったのである。そこで、彼女は死後に自らの遺骸を野原に放置し、衆目に晒《さら》すことにより、どんな美女とはいえ、最期は白骨となり果てることを示した。これによって、男たちの性的欲望をなだめようとしたのだと『本朝酔菩提全伝』に記される。こうした地獄太夫の所為を、天女のごとき清らかな心の顕れであると、一休はあらためて賞賛したと云われる（ジュリア・ミーチ「国芳と地獄太夫」）。

彼女の身体には、女と男、生と死、性と聖といった対比が深く刻印されている。このことが、こうした逸話と絵画の歴史から読み解かれよう。

そして地獄太夫という一人の女の身体は、そのまま、地獄という異界のイメージ全体へと拡散していく。

「暴力」と「エロス」の世界

室町時代の美しくも恐ろしい女性のイメージから、さかのぼって古代から中世にかけて描かれた地獄の光景（地獄絵）に目を向けてみることにしよう。

平安後期（十二世紀）制作、現存する東京国立博物館蔵「地獄草紙」という絵巻物のなかに雲火霧処《うんかむしょ》と題された一図が収録されている。絵に付された詞書《ことばがき》には、次のように記される。

またこの地獄に別処あり。名をば雲火霧処という。このところの衆生、むかし人間にして殺生、偸盗《ちゆうとう》（強盗や万引）、邪淫およびまた酒をもって持戒の人に与えて、酔わしめて戯れし、侮《あな》ずり恥を与えて、心に喜び誇りし人、この地獄に堕つ。この地獄には中に焰満《み》てり。厚さ二百肘、獄卒罪人をとりて、その猛火の中に投げ入る。罪人、足より首《こうべ》に至るまで焼け通りて消え失せぬれば、またよみがえる。よみがえればまた焼く。かくのごとき止むことなし、叫ぶ声、天を響かす。

この詞書は『正法念処経《しようぼうねんじよきよう》』巻八の記述を典拠としている。日本人が抱いた地獄のイメージは、同経をはじめとする種々の仏典に由来する。この経典によれば、雲火霧処とは八大地獄のうちの叫喚地獄《きょうかんじごく》にあるとされる（八大地獄のなんたるかについては後述する）。ここに堕ちた亡者《もうじゃ》は、地獄の獄卒――鬼のような姿形をした地獄の番人たち――に追いかけられ、燃えさかる火中へと投げ込まれる。「地獄草紙」には、褌《ふんどし》を締め筋骨隆々とした獄卒が棍棒《こんぼう》を振り上げ、裸の亡者を火中へと追い詰める場面が描かれている（次頁・図1-2）。

同じく平安後期に制作されたものの、原本は現存しない東京国立博物館蔵「地獄草紙模本」には邪見処《じゃけんしょ》と題された一図が見出される。詞書には、次のようにある。

この地獄に、また邪行の業の者の生まるる処あり。このところの罪人、むかし人間にして見しところの女ありと見て、无始《むし》の習欲《しゅうよく》（抑えようのない欲望）の火、身を焼けば、すなわち彼の女にとりかかり近づく。彼の女は悪業のなせるところなれば、その身、熱鉄の体なり。近づき来たる罪人にとりかかりて口を吸い、その舌を喰らい抜きて、抱きつくに、罪人の身、芥子ばかりも残るところなし。悪業の因縁のゆえに、この苦悩、間断あることなくして劫《こう》（遠大な時間）をふ。

この詞書の典拠である『正法念処経』巻十四の記述によれば、これは八大地獄のうち阿《あ》

図1-2　地獄草紙（雲火霧処）東京国立博物館蔵

鼻地獄《びじごく》の一景であると説かれる。ここで亡者は、むかし人間として現世で見知った女と出会う。生前の性欲を想起して、亡者はこの女に近づく。ところが、地獄において女の身体は欲動の火で熱く燃える鉄へと変化し、近づいてきた亡者に抱きつき、その口を吸い舌を喰らい、さらに男の身体すべてを微塵《みじん》に砕いてしまうのだそうだ。「地獄草紙模本」では、裸の男が裸の女ににじり寄るところ、その女が一転して、火をまとい

図1-3　地獄草紙模本（邪見処） 東京国立博物館蔵

男に嚙みつくところが、上下二段に分けて描き込まれている（図1－3）。

地獄が暴力と破壊に満ち溢れた世界であることは、誰しもよく知るところだ。ただし、その暴力に沿うようなかたちで、地獄を描く際、性的な徴候が込められていることは、意外に見過ごされてきた。破壊の衝動（暴力）と性の欲望（エロス）とは渾然《こんぜん》一体となり、ともに地獄の責め苦の基盤をなしている。暴力とエロスは、私たちが普段おくる日常生活では目につかない。けれども、私たちの心のうちの深い部分（無意識）において、二つの欲動は常に休むことなく力を発揮している。私たちは、それを自我によってコントロール（抑圧《よくあつ》）して生活を営んでいるのだ。その意味で地獄とは、いわば人間の無意識の世界に通じている。そして地獄絵とは、人間の心のうちにある欲動の在り方を目に見えるかたちで示したもの——そのような視覚的イメージの世界として捉えることができるのである。

心のなかの地獄

「死」の世界としての地獄は「生」の世界としての現実を映し出す、いわば鏡のようなものではないかと私は思う。その意味するところは、次のことだ。

まず表層的な意味において——詞書や経典あるいは説話に説かれる地獄、さらに地獄絵に描かれた風景は、現実世界における人々の所作をもとに、それに幻想を加味して表現されたものだ。たとえば、私たちが鳥や魚をさばいて料理するように、地獄の獄卒は亡者を切り刻む。犯罪者に刑罰を加えるかのごとく、亡者を苦しめ改心することを求める。あるいは国家間の戦争にて行われる大量殺戮《さつりく》と同じく、獄卒は多数の亡者たちを追い詰め、彼らを一網打尽にする。

それとは別に深層的な意味において——右にも述べたように、地獄の責め苦は私たちの心の底にある無意識の欲動を表象する。暴力とエロスは、私たちの自我を超えたところで万人の心を支配している。

そう考えてみると、なんとも不思議な気がする。

そもそも地獄は罪を犯した者が堕ちる場所だ。いうなれば欲動に駆られて自己本位・自分勝手な生き方をした者が、それゆえに行かざるを得ない世界である。しかし、そこで繰り広げられる多種多様な責め苦は、暴力と性の欲動それ自体を目に見えるかたちで示している。地獄の視覚的イメージは欲動の「禁止」を命じるとともに、欲動の「充足」をも叶えてくれるのだ。

この一見矛盾する地獄のイメージの様態は、どのように理解すればよいのか？

フロイト『精神分析入門』第三十一講「心的人格の分解」によれば、私たちの心にとって現実の日常生活は、いうなれば「外なる異国」ととらえられるという。私たちは自己の欲求を果たさんがために努力もすれば、ある程度の我慢もしなければならない。人生は簡単には思い通りにいかない。それは、たとえ生まれ故郷に永住していたとしても、慣れない外国にて不自由な生活を強《し》いられるのに似た、世間に対する従属的な感覚に囚われつつ、日々を送るしか生きる道はないことを意味している。

その一方で、「異国」は私たちの心のなかにもある。このいわば「内なる異国」とは、暴力やエロスといった原初的な欲動であり、それらは、同じく私たちの心のうちに宿るところの自尊心とか正義感とか道徳性とかといった、いわば自己規制によって抑圧されている。たとえば、私を含めて多くの人は戦争に反対する。過剰に猥雑なもの、グロテスクなものに対しては嫌悪感を抱く。けれども、よくよく自分の心の内を覗《のぞ》いてみよう——あなたの心の奥深いところに、暴力やエロスに対する憧れは宿ってはいないだろうか。私たちはそれを無意識に抑え込んで、安穏《あんのん》な生活を続けられるようにと日々努めているのではないか？「外なる異国」と「内なる異国」——この二つのイメージが重なり合って構築されたのが、地獄と呼ばれる「幻想の異国」にほかならない。

私たちは地獄に堕ちる

だから私たちは、地獄絵を前にすると、心が沸き立つのではないかと思われる。悶え苦しむ亡者の姿に自己を投影することでマゾヒスティックな思いに駆られ、亡者をいたぶる獄卒に自己を重ねることによりサディスティックな喜びを感じる。普段は意識することがない暴力や破壊の欲動が、イメージによって満たされたような感覚を抱き満足する。そこでの恐怖と苦痛は、性的な快感と表裏一体のものとして無意識のうちに直感される。

親鸞《しんらん》は『歎異抄《たんにしょう》』にて「善人なおもて往生《おうじょう》を遂ぐ、いわんや悪人をや」と述べた。自分は善人であると胸を張って称する慢心した人でさえ、極楽に生まれかわることができる。だからこそ「私は悪人である」と自省する謙虚な者こそが、より一層深く仏の救いに与《あずか》ることができるのだ。この言葉を、私流に言い換えてみよう。

悪人なおもて地獄に堕つ、いわんや善人をや。

悪人は地獄に堕ちる。ならば、善人ならばなおさらのことである——ここで、言わんとするのは、次のことだ。

自らの心の内において欲動があることを自覚し見抜いている悪人は、迷うことなく地獄の門を開き、そこを旅してめぐることができるであろう。むしろ、それに気づいていない人——たとえば自分は菜食主義者で、世界平和を希求し、性的不平等には断固立ち向かうと公言してはばからない方々など——すなわち「私は善人である」と自任する者こそ、地獄に堕ちざるを得ない。善人であるとの自覚を有する人は、心の内にある暴力とエロスの欲動を、自身が強く抑圧していることに気がついていないのだ。あなたが善人であるならば（あるいは、完全無欠な善人ではないにせよ、それほど悪人であるとも思っていないならば）、そのあなたにこそ地獄に目を向けてほしい。そうすれば、あなたは自分が何者であるのか、あらためて省みる機会を得られるに違いない。本書が、その一助となることを願っている。

私たちは皆平等に、生まれながらにして、地獄に堕ちる資質を与えられているのだから。

第二章　地獄へ旅立つ

生から死へ

地獄の深層へと踏み出す前に、まずは今生きるところの現世に目を向けてみよう。私たちの祖先は、自身の「生」から「死」への道程を、どのように捉えていたのだろうか？

その答えを視覚的に明示してくれる作品の一つに、東京国立博物館蔵「老いの坂図」がある（図2－1）。本図は室町時代（十五世紀後半〜十六世紀前半）に制作されたものと推定されている（辻惟雄「老いの坂圖」）。

画面でまず目につくのは、中央にそびえ立つ岩山であろう。山麓の向かって右下に少年が立つ。彼は梅の花の香りをかいでいるようだ。続いて少し登ったところに青年がいて、こちらは桜の花を愛《め》でている様子。そして山道を歩き出す。山頂には松の樹。登り切った満足感かあるいは少々疲れたためか、樹の下にて座して休息をとる。ここまでは少年から大人への人生の成長の過程が暗示されている。

続いて、そこからは下り坂。中腹では髪を剃っている男の姿が描かれる。今は一般になされることは極めて稀だが、かつては自らの老いを認めたとき、世俗を捨てて仏道修行の道へと進むことが正しいとみなされ、多くの人がそれを実践した。すなわち、この場面は「出家」を示しているのだろう。

そして山麓の向かって左下、ここには墨染めの衣を着て僧侶の姿となった男が松の樹の下に座り込み、自らが歩んできた道程を仰ぎみている。死期が迫った老人が過去を追想する姿とみ

図 2-1　老いの坂図 東京国立博物館蔵

なされる。この山の上り下りは、それ自体が「人生」の在り方を象徴したものと読み解かれる。

ところで、本作品には「人生」という山道へと進む以前、「幼少期」の在り方が画面下方に図絵化されているのは、興味深い。

ここには、丸い的《まと》にめがけて弓矢の練習に励む子どもたちが描かれている。縁側には仔犬がいて、幼子はそれと竹馬（切った竹を馬に見立てて乗馬の真似をする）で遊ぶ子どもたちと、竹馬で戯《たわむ》れたいようだ。そして、そうした子どもたちの様子を見守る父と母の姿が室内に見出される。母はやや奥まった場所に小さく描かれているのは、ここにいる子どもたちはもはや乳飲《ちの》み子ではないからだ。父親のまなざしのもと、子どもたち同士が集団で遊び戯れることによって、日々着実に少しずつ成長していく。その上で、およそ十代半ばで「元服」をして、そして「人生」を歩み出す。つまり、本図で見るところの山道を上り始めるのであろう。

画面下方には「元服」以前から早くも自我を育むことが要請され、父権的な支配のもとで知恵や技能、さらには自我を超えた社会性や道徳観を身につけ、それらが基盤となって「人生」という旅路が始まることが暗示されているのだ。暴力やエロスといった根源的な欲動は、「幼少期」を過ぎた「人生」においては、もはや表立ってあらわすことは許されない。社会生活が、その発現を抑圧し禁止する。

室町時代から江戸時代にかけて（十六～十九世紀）、この「老いの坂図」を発展させて「熊《くま》野観心十界図《のかんしんじっかいず》」と呼ばれる絵画が成立した。これは、長い期間にわたり数多く制作されたようで、最新の研究では五十本以上の遺品が現存することが明らかにされた（小栗栖健治『熊野観心十界曼荼羅』）。

「熊野観心十界図」の画面上方、あたかも虹の架け橋のように半円形に描かれているのが、「老いの坂図」から創造された図様である（31頁・図2－2）。橋の向かって右下にある建物内では、父母が生まれたばかりの赤子を産湯《うぶゆ》につけるところが描かれる。赤子はやがて坂道をのぼり始める。はじめのうちは歩行も難しかったが、やがて童子へと成長し、成人して架け橋の頂点へと達する。そして下り坂。壮年から老年期へと至る。

架け橋の横には春の梅や桜、常緑の松、赤変する紅葉《もみじ》、冬枯れた木の枝に雪が積もる様が順次描かれており、「人生」が「四季」の展開になぞらえられているのがわかる。向かって左上方に黒雲に乗った鬼がいる。鬼は順調に架け橋を歩んでいた者たちの一人を気ままに捕まえて、そのルートから逸脱させる。これは事故や突然死で、「生」を全うできなかった者のいることを示していよう。幸いにも老域に達した者も、決して「死」から逃れることはできない。架け橋の向かって左下には、墓場の風景が描かれており、人生の末路が示される。

私たち現代人は、「死」をもって「人生」の終焉《しゅうえん》とみなす。しかし、かつての人々はそうではなかった。「死後の世界」へと旅立つことが信じられていた。虹の架け橋の終着点から画面下方にかけて表示されているのは、現世を超えた異界である。

「熊野観心十界図」画面最下段に目を向けてみよう。紅蓮《ぐれん》の炎が燃えさかるなか、獄卒たちの手によって釜ゆでになる亡者の姿、暗闇地獄で迷い苦しむ男女の姿などが見出される。向かって右下隅は血《ち》の池地《いけじ》獄《ごく》。ここは女たちが堕ちる地獄だ。女性は月経や出産の際の出血により大地を穢《けが》した罪により、ここへ堕ちると云われていた。ほかに女の地獄としては、一人の男をめぐって二人の女が嫉妬に狂って堕ちるとされる両婦地《りょうぶじ》獄《ごく》、子どもを産まずして死んだ女が家系の断絶という罪を犯したとして堕ちるとされた不産女地《うまずめじ》獄《ごく》なども描かれている。地獄のほか餓鬼道《がきどう》、畜生道《ちくしょうどう》、阿修羅道《あしゅらどう》、人道《じんどう》、天道《てんどう》など「六道《ろくどう》」世界、六道に加えて声聞界《しょうもんかい》・縁覚界《えんかくかい》・菩薩界《ぼさつかい》・仏界《ぶつかい》といった「十界《じっかい》」が所々を占めている。

ところで、本図の画面中央に大きく描かれているのは「心」字である。これが「熊野観心十界図」の核心である。これは一体何を意味するのか？

それは「人生」と「死後の世界」その全てを統括するのは人の「心」であるという考え方である。人の「心」は千差万別。一人ひとり皆異なる。しかし、その「心」の持ち方によって、人は善き生涯を送ることもできれば、悪しき一生を過ごさねばならないことにもなる。それは「死後の世界」についても同じだ。善き「心」の持ち主は極楽への往生が叶うだろうが、そうでない者は六道を輪廻《りんね》し、いつかは地獄へ堕ちるかもしれない。「心」こ

図2-2　熊野観心十界図 兵庫県立歴史博物館蔵

そが私たちの存在を規定する。「心」が宇宙の中心に位置している。

このことは言い換えるなら、私たちはこの広大な宇宙のなかに生きる存在であるとともに、私たちの「心」こそが全宇宙の構造を支えてもいる――そういった深遠な哲学的思想が、本図には込められていると読み解かれよう。

あらためて「熊野観心十界図」を観てみよう。

画面向かって右上隅に金色に描かれているのは太陽、左上隅に銀色に描かれているのは月の象徴だ。宇宙のなかの私と私の「心」のなかの宇宙とが対応することが、画中に暗示されている。私たちの「心」と仏教的な宇宙とは互いに相照らし、響き合っている。心中の想いのすべて――そこには、本書で主題とするところの、無意識下の暴力やエロスの欲動も含まれていよう――が、この宇宙に内包されている。あるいは、「心」がこの宇宙全体を構築しているのである。

死の山

いよいよ地獄へと向かって歩みを進める。

『別訳雑阿含経《べつやくぞうあごんきょう》』巻一に「老いの山はよく壮年盛色を壊《やぶ》り、病の山はよく一切強健を壊り、死の山はよく一切寿命を壊り、衰耗《すいもう》の山はよく一切栄華富貴を壊る」との一節がある。右に述べた「老いの坂」と同様、病気や浪費生活（衰耗）などと並んで、死もまた経論において険しい山路に譬《たと》えられていることが知られる。

死の山は「死天山《してんざん》」とも称される。『地蔵菩薩発心因縁十王経《じぞうぼさつほっしんいんねんじゅうおうきょう》』には「閻魔王国の境に死天山の南門あり」と記されている。同経には、亡者がここを通ろうとすると、門の支柱が両側から迫ってきて皮膚を破り、肉を割《さ》き、骨を砕いて骨髄をしたたらすと説かれる。あるいは「死出山《しでのやま》」と呼ばれることもある。『十王讃歎鈔《じゅうおうさんたんしょう》』では、次のように説く。

図2-3　六道十王図（第一幅・死の山）
出光美術館蔵

この山高くして、また険《けわ》し。いかがして越え行くべしとも覚えねども、獄卒どもに駈《か》りもよおされて、泣く泣く山路にかかる。岩のかど剣《つるぎ》の如くなれば、歩まんとすれども歩まれず。そのとき獄卒、鉄棒をもって打ちさく。息もつづかず絶え入りぬ。さらば、そのまま消えもせで、この面がわりせずやがて活く。これによりて、この山を「死出の山」と云うなり。足の踏みどころも覚えねば、険しき坂に杖を求むれども、与うる人もなく、路の石に履《くつ》を願えども、はかする人もなし。この山の遠きこと八百里、険しきこと壁に向かえるがごとし。嶺《みね》より下ろす嵐、はげしく吹いて、肌を徹し骨髄に入ること剣のごとし。

出光美術館蔵「六道十王図」は室町時代（十六世紀）に描かれた作品。もとは高野山の西北麓の上天野村（和歌山県伊都郡かつらぎ町）に伝来した。ここに死の山は描かれている。急な斜面を連れ立って登ろうとする老若男女の亡者たちの姿が痛ましい（33頁・図2－3）。『源氏物語』幻の巻には、次の歌が見出せる。

死出の山越えにし人を慕ふとて跡を見つゝもなほ惑ふかな

これは晩年の光源氏が、亡き紫の上を偲《しの》んで詠んだ歌だ。「かつて彼女が記した手紙の筆跡を見ながら、死出の山を越えていくその人の足跡を追うかのような思いに駆られて、私は心惑う気持ちに至った」という歌意である。

死去した紫の上を想いながら生きる源氏の心は物悲しい。死の山は、死者本人にとっての苦痛の場であるのみならず、愛する人を失った者にとっても暗く険しく辛い場所として、死者への追悼の意を表明するにあたり寂寥《せきりょう》たるイメージをもって受容がなされていたことがうかがえよう。

三途の川

この世とあの世の間には暗くて深い川が流れている。現代においても、こうしたイメージは多くの人の心をとらえているが、その歴史はとても古くにさかのぼる。

平安初期（九世紀）薬師寺の僧・景戒《けいかい》によって編纂《へんさん》された我が国最初の仏教説話集『日本《にほん》霊異記《りょういき》』に、一度死んでから再び蘇生した人の証言がいくつか収録されている。そのなかに、死後まずはじめ広い野原を抜け、続けて険しい坂を登ってのち、深い川の淵に到着したと語るものがある（巻下第二十二「重き斤《はかり》もて人の物を取り、又法花経を写して、現に善悪の報《むくい》を得し縁《えに》」）。また同書には、同じく険しい坂を登ったあと、分かれ道が三本あったと語るものもある。一つの道は平らで広く、もう一つの道は草が生えて荒れており、最後の道は藪《やぶ》で先がふさがっていたという（巻下第二十三「寺の物を用い、復大般若《またでいはんにゃ》を写さむとして願《がん》を建て、現に善悪の報を得し縁」）。こうした説話から、死の山を越えて三途の川へと至る道行きが、古い時代から夢想されていたことがうかがわれる。

三途の川は「葬頭河《そうとうが》」「三瀬川《みつせがわ》」「奈河《なか》」とも称される。『地蔵菩薩発心因縁十王経』によ

図2-4　十王図（第一幅・三途の川）
水尾弥勒堂蔵

れば渡し場が三つあり、一つは山間の急流をなしている所、もう一つは深い淵をなしている所、最後の一つは橋がかかっていると説かれる。これについて『十王讃歎鈔』では一つを「浅水瀬《せんすいせ》」と云い、ここは罪の浅い人が渡る所で、水量は少なく膝を過ぎないといわれ、もう一つを「強深瀬《ごうじんせ》」と云い、ここは悪人が渡る所、そして最後の一つは「橋渡《きょうど》」と云い、金銀七宝でできた橋で、善人のみがここを渡ることができるとされる。同書には、とくに「強深瀬」について、次のような詳しい記述がある。

この渡り、流れ早きこと矢を射るがごとく、浪の高きこと大山のごとし。波の中に、もろもろの毒蛇ありて罪人を責め喰らう。また上より大磐石《だいばんじゃく》流れきて、罪人の五体を打ち摧《くだ》くこと微塵の如し。死すれば活きかえり、活きかえればまた摧く。水の底に沈まんとすれば、大蛇口を開いて飲まんとす。浮かばんとすれば、また鬼王《きおう》・夜叉《やしゃ》、弓をもって射る。かくのごとき大苦を受けて七日七夜を経て向こう岸に著《つ》く。

大阪・水尾弥勒堂蔵「十王図」には、僧侶に導かれて橋を渡る男女と、深みにはまり大蛇に襲われる亡者とが対比的に描かれている（図2－4）。これは、南北朝時代（十四世紀）に作られた絵画だ。

ところで、三途の川には一つの俗信がある。それは、「三途の川のほとりにて、女は現世で最初に結ばれた男と再会し、その男が女の手を引いて川を渡す」という説である。水尾弥勒堂本が制作されたのと同じ南北朝時代（十四世紀）に四辻善成《よつつじよしなり》が著した『河海抄《かかいしよう》』巻十一に記されているのが、この俗信の初見である。同書は『源氏物語』の注釈書である。こうした信仰は仏典に根拠が見出せない。しかし、古代から広く世間に流布《るふ》していた恋愛幻想であったようだ。

『蜻蛉日記《かげろうにっき》』の作者として有名な藤原道綱母《ふじわらのみちつなのはは》の歌集には、次の歌が見出せる。

わづらい給ひて
　みつせ河浅さの程も知らせじと思ひし我やまづ渡りなん

かへし
　みつせ河我より先に渡りなば水際《みぎわ》にわぶる身とやなりなん

道綱は病気になったとき「三途の川を、私はあなたとともに渡ろうと思っていたのに、私一人が先に死ぬことになってしまった」と愛する女に向かって弱音を吐く。すると彼女から「三途の川を私より先にお渡りになるなら、私はあなた以外と結ばれたいとは思っていないので、誰にも迎えられず、川の水際で途方に暮れてしまうでしょう」と返してきた。三途の川辺は、最期の逢瀬《おうせ》の場としてイメージされていたことが知られる。

そして、中世から近世にかけても長くこのことは信じられていたようで、ついには「最初に性的関係を持った男に、処女を捧げた女は背負われて三途の川を渡る」といった言い伝えへと変容を遂げたのであった。『地蔵菩薩発心因縁十王経』にある「初開《しょかい》」という経句を「初体験」の意味と誤読した結果、生まれた解釈と推定されている（田村正彦「三途の川の信仰について」）。

現世（此岸《しがん》）と来世（彼岸《ひがん》）の境界である三途の川辺にて、初恋（あるいは初体験）の人と出逢うというロマンティックな幻想は、死が苦痛であるばかりでなく、精神的あるいは身体的な性愛とも結びついていることを暗示しているようで、興味深い。

脱衣婆

『大日本国法華経験記《だいにっぽんこくほけきょうげんき》』巻中第七〇に蓮秀《れんしゅう》法師の死出の旅路について詳細な記述がある。

蓮秀法師は日頃から法華経を篤《あつ》く信仰していたため、地獄に堕ちることなく、蘇生をはたすことができた。そして語ったのが、次に示す体験談である。ここで注目されるのは、地獄へと到着する前に、死の山を越え、三途の川へと至ったとき、一人の老婆（鬼）が蓮秀に向かって「着衣を脱いで、私に差し出せ」と命じていることである。

沙門蓮秀は、醍醐《だいご》の住僧なり。頃年《としころ》法華を持して、毎日《ひごと》に懈倦《けかん》することなし。兼て観音を念持して、十八日に持斎せり。（中略）毎日に観音経一百巻を読誦せり。乃至重き病を受け取りて、辛苦《しんぐ》悩乱し、身冷え息絶えて、即ち死門に入れり。遥に冥途に向いて、人間の境を隔てたり。深く幽《かすか》なる山、険難の高き峰を超えて、その途遼遠《りようえん》なり。鳥の声を聞かず、僅に鬼《き》神《じん》暴《ぼ》悪《あく》の類あり。深き山を過ぎ已《おわ》りて、大きなる流の河あり。広く深くして怖畏すべし。その河の北の岸に一《ひとり》の嫗《おうな》の鬼あり。その形醜く陋《いや》しくして、大きなる樹の下に住せり。その樹の枝に百千《ももち》種《くさ》の衣を懸《か》けたり。この鬼、僧を見て問いて言わく、「汝、今当《まさ》に知るべし。これは三途の河にして、我はこれ三途の河の嫗なり。汝、衣服《えぶく》を脱ぎて、我に与えて渡るべし」といえり。

この体験談は『地蔵菩薩発心因縁十王経』に基づいている。同経によれば、三途の川の

図2-5　十王地獄図（左幅・脱衣婆）出光美術館蔵

ほとりには衣領樹《いりょうじゅ》という木があり、その木陰に老婆と老翁《ろうおう》がいることが説かれている。老婆の名は脱衣婆《だつえば》、老翁の名は懸衣翁《けんえおう》。脱衣婆は亡者の着衣を脱がせ、懸衣翁はその着衣を樹の枝にひっかける。罪の軽い亡者の衣は枝がたゆまず、罪の重い者の衣は枝が大きくしなると説かれる。

先の蓮秀法師が出逢ったのは、この二人のうちの脱衣婆であった。現存する美術作品においても、懸衣翁の姿は見えず、脱衣婆のみが描かれている遺品が多い。たとえば南北朝時代（十四世紀）に作られた出光美術館蔵「十王地獄図」では、立膝をして座す脱衣婆の前に男女三人の亡者、剝ぎ取られた着衣は衣領樹に掛けられている（図2－5）。

このときの亡者の心境はいかばかりか？

それについては『十王讃歎鈔』が次のように説く。

その時罪人、ただ一重《ひとえ》の衣なり。定て十王《じゅうおう》の御前に参るべし、いかでか此を脱ぎ裸にて恥を曝《さら》すべき。願くば、免《ゆる》し給えとて手を合わす。その時、彼の鬼怒て云く、「汝愚かなり。ここにて惜みたりとも、ただ今猛火に焦すべし、早早脱べし」と責れば、力無くぬいで泣く泣く三途河の嫗に与う。哀哉《あわれなるかな》、さても娑婆にありし時は七珍・万宝を庫に積み、色色の衣裳四季に衣替え、花やかに重ね著て、所従《しょじゅう》・眷属《けんぞく》に愛《かしずか》れ、明し暮してこそ過ぎにしが、冥途中有《ちゅうう》の旅に出て苦を受る身の習いとて、一衣をだにも身にそえず。所従一人もつかずして、迷い行くこそ悲しけれ。

現世における優雅な豊かな生活の象徴としての華やかな着衣を剝ぎ取られ、裸となることによって、もはや亡者は貧相な地獄の住人となることが明確に示される。それ故に、深い悲しみに沈んでいるのである。

時代をさかのぼり、脱衣婆のルーツをたどると、それは我が国で古来信仰されていた山の神（姥神《うばがみ》）に至ると考えられている（柳田国男『妹の力』）。山中で生活する者にとって、山の神とは日々の安全と狩猟の獲物の確保を保証してくれる聖なる者であり、山麓で農耕を営む者にとって、それは一年の農作の推移を見守り、豊穣を約束してくれる存在であった。

越中立山（富山県）の芦峅寺《あしくらじ》には閻魔堂と称される堂舎があり、そこには「媼尊《おんばさま》」と呼ばれる神像が奉られている。江戸時代には六十六体もの像があったと伝承されるが、天明二年（一七八二）焼失。三体のみが焼け残った。そのうちの一体が富山県立山博物館に寄託展

図2-6　媼尊像　芦峅寺蔵

示されている（図2-6）。永和元年（一三七五）銘が墨書された本像は、現存する遺品のなかでは数少ない制作年代が確かな古い山の神の像である。この像もまた、先に見た脱衣婆像と同じく、片膝立ちの姿勢で表現されているのは、興味深い。脱衣婆と山の神が近い存在であったことが、こうした類型の歴史（イメージの相似性）からうかがわれる。

時代を下って、脱衣婆の進化を追っていくと、注目されるのは江戸内藤新宿（東京都）の正受院《しょうじゅいん》に安置されている脱衣婆像である。

こちらの像は、古くより咳止めや子どもの夜泣きに霊験があることで知られていたが、嘉永二年（一八四九）人々の多種多様な願いをすべて叶えてくれるとして、爆発的な流行神となった。歌川国芳描くところの錦絵「ひょうばんのばばや」を見ると、願い箱を持った脱衣婆が、雲に乗り、シャボン玉を吹いている。そのシャボン玉には「たのもし（金融積立）」「よめの口（嫁の口）」「うせものでる（遺失物が出る）」など願うところが記されており、画面下方にて、手を合わせ祈る人々に向けて、福徳がもたらされることが見て取れる。上方の脱衣婆は、やはり片膝立ちの姿である（図2−7）。
三途の川のほとりにて、人々の衣服を奪う脱衣婆は、まさにそれゆえに、豊かな財産を手に入れて所有する者と信じられていたのだろう。それが古代の山の神が授けてくれるご利益《りやく》である狩猟の獲物の確保や農作物の豊穣と結びついて、脱衣婆は悪鬼であるばかりでなく、福徳神としての性格をも身につけた。

すなわち、脱衣婆は一方で奪う者でありながら、他方では与える者でもあるという両義性をもつ。生死の境界（三途の川のほとり）にて恐怖と恍惚、おぞましさを体現しながら優しさをも示す者であるという二面を兼ね備えた脱衣婆は、聖性を帯びている。それは女性であることから、いわば「母性的なる存在」ととらえられる。対して、脱衣婆の連れ合いである懸衣翁には、そうした権威は認められなかった。懸衣翁に代わって、閻魔王がそうした聖性を帯びることになる。「父性的なる存在」としての閻魔王及び十王については後述する。

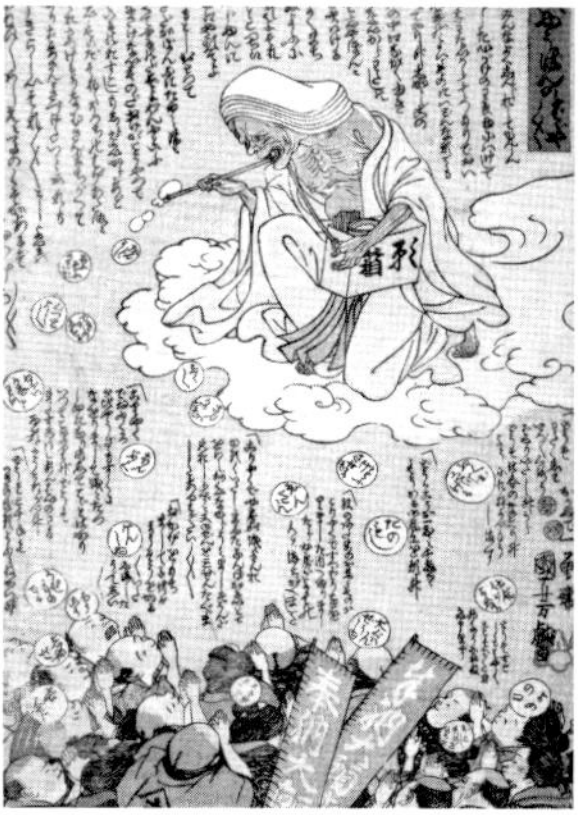

図2-7　歌川国芳筆「ひょうばんのばばや」 新宿歴史博物館蔵

賽の河原

恋する男女が揃って三途の川を渡るとする俗説と同様に、仏典には典拠を見出すことができないが、「賽の河原」が地獄にも極楽にも行けぬ子どもが集まる場所として想定されていたことは、今もよく知られている。それについて語る「賽の河原地蔵和讃」には、いくつかのバリエーションがある。そのうちの一つを次に挙げよう。とくべつ難解な言葉はない。この文体のリズム感を読み取って欲しい。

帰命頂礼《きみょうちょうらい》 世の中の、定《さだ》め難《がた》きは無常なり。親に先立つありさまに、諸事のあわれをとどめたり。一つ二つ三つや四つ、十より内の幼子《おさなご》が、母の乳房を離れては、賽の河原に集まりて、昼の三時の間には、大石運びて塚につく。夜の三時の間には、小石を拾いて塔を積む。一重積んでは父の為、二重積んでは母の為、三重積んでは西を向き、樒《しきみ》ほどなる手を合わせ、郷里兄弟我がためと、あら労《いたわ》しき幼子は、泣く泣く石を運ぶなり。手足は石に擦《す》れ爛《ただ》れ、指より出ずる血のしずく、身内を朱に染めなして、父上恋し母恋しと、ただ父母《ちちはは》のことばかり。言うてはそのまま打ち臥して、さも苦しげに嘆くなり。あら恐ろしや獄卒が、鏡照日《きょうしょうじつ》の眼《まなこ》にて、幼き者をにらみつけ、汝等皆が積む塔は、ゆがみがちにて見苦しし、かくては功徳《くどく》なり難し。とくとくこれを積み直し、成仏願えと叱りつつ、鉄の杖《しもと》を振り上げて、塔を残らず打ち散らす。あら労しや稚児はまた、うち伏して泣き叫び、呵責《かしやく》のひまぞなかりける。罪は我人あるなれど、殊に子供の罪科《つみとが》は、母の胎内十月《とつき》のうち、苦痛さまざま生まれ出て、三年五《いつ》とせ七とせを、わずか一朝先立ちて、父母に嘆きをかけること、第一重の罪ぞかし。母の乳房にとりつきて、乳の出ざるその時は、せまりて胸を打ちたたく。母はこれをも忍べども、などてむくいのなかるべき。胸を叩くその音は、奈落《ならく》の底になり響き、修羅の鼓《つづみ》と聞こゆなり。父の涙は火の雨と、なりてその身に降りかかり、母の涙は氷となりて、その身をとずる嘆きこそ、子ゆえの闇の呵責なれ。かかる罪科あるゆえに、賽の河原に迷い来て、長き苦患《くかん》を受くるとよ。河原のうちに流れあり。娑婆《しやば》にて嘆く父母の、一念とどきて影写れば、のう懐かしの父母や、飢えを救いてたび給えと、乳房慕《した》うて這い寄れば、影はたちまち消え失せて、水は焔《ほのお》と燃え上がり、その身を焦がして倒れつつ、絶え入ることは数知れず。

子どもが父母に先立ち死ぬことは親不孝であり、それゆえに、石塔造りで罪滅ぼしをする。しかし、獄卒がその石塔を打ち崩してしまうので、何度もそれを繰り返さなければならない。その間、子ども達は二度と会えない父母への想いに苦しむ。嘆き悲しみ苦しむのは、子どもを失った両親も同じだ。

賽の河原を描いた絵画の古い作例としては、奈良国立博物館蔵「矢田地蔵縁起」や出光美術館蔵「六道絵」がある。どちらも室町時代（十六世紀）の作品。この頃までには、賽の河原は具体的にどのような場所なのか、イメージされるようになっていたことが知られる。

賽の河原はそののち江戸時代に入ると大いに人々の関心を惹いた。そこで、先に地獄太夫の着衣の絵を掲載した書物として取り上げた文化六年（一八〇九）刊行の山東京伝『本朝酔菩提全伝』に収録された一図を見てみることにしよう（48頁・図2－8）。

ここには、当時の人々が思い描いた地獄の入り口としての賽の河原の風景が、こと細かく描写されている。画面向かって左方に幼児をいたぶる鬼の姿、右方には幼児を救うために来臨した地蔵菩薩の姿が描かれている。絵に添えて次の言葉が記される。


小児、樹にのぼり、花をおりて、地蔵尊に供《く》ず。樹にのぼることあたわざる水子などは、地上におちたる花をひろい、口にくわえ、はらばいゆきて、仏に供ずという。

親の罪を子におわせて、かかる呵責をうけしむ。

父母のかお、水にうつるをみて、あなこいし、なつかしとおもいつつ、たちよれども、忽《たちまち》そのかげ見えざれば、ただなきさけびて、かなしむとぞ。

画面左下方に四つん這いの子が花を口にくわえている姿がある。彼らは頭上に帽子状のものを被っているが、これは胞衣《えな》をあらわす。胞衣とは、母の腹中で胎児を包んでいる膜・胎盤のこと。この子たちは死産または堕胎された者（水子）であることが示される。背景には三途の川。子ども等は川面《かわも》に映る父母の影を求めているのだろう。あるいは鬼に追われて逃げ惑う子や石塔婆（五輪塔）も散見される。そしてなにより、地蔵菩薩による救済が画中に大きく描き出されている。地蔵は六道救済の慈悲深い仏として知られる。地蔵による救済が画面で最も大きく目立つのは、幼くして命を落とした子の父母が、彼らの冥福を真心込めて祈ったことの表れである。もしかしたら父母は、自らの犯した罪が子どもの寿命を縮める因果をもたらしたのかもしれないとの自責の念に駆られて苦悩したかもしれぬ。それゆえに両親は、地蔵菩薩に対して、我が子の救済をただひたすらに願ったに違いない。

地獄への道行きで見出されるのは、男女の間の恋愛だけではない。親子の絆による愛情もまた、そこには投影されていることがうかがわれる。

賽《さい》之《の》河《か》原《わら》圖《のづ》
親《おや》の罪《つみ》を子《こ》におわせてかくろ呵《か》責《しやく》とうけしむ

図2-8　賽之河原図（『本朝酔菩提全伝』挿図）

死の山を越えて、三途の川を渡り、脱衣婆と出逢い、賽の河原を通り過ぎ、亡者はいよいよ地獄の内奥へと進み行くのである。

第三章　地獄をめぐる

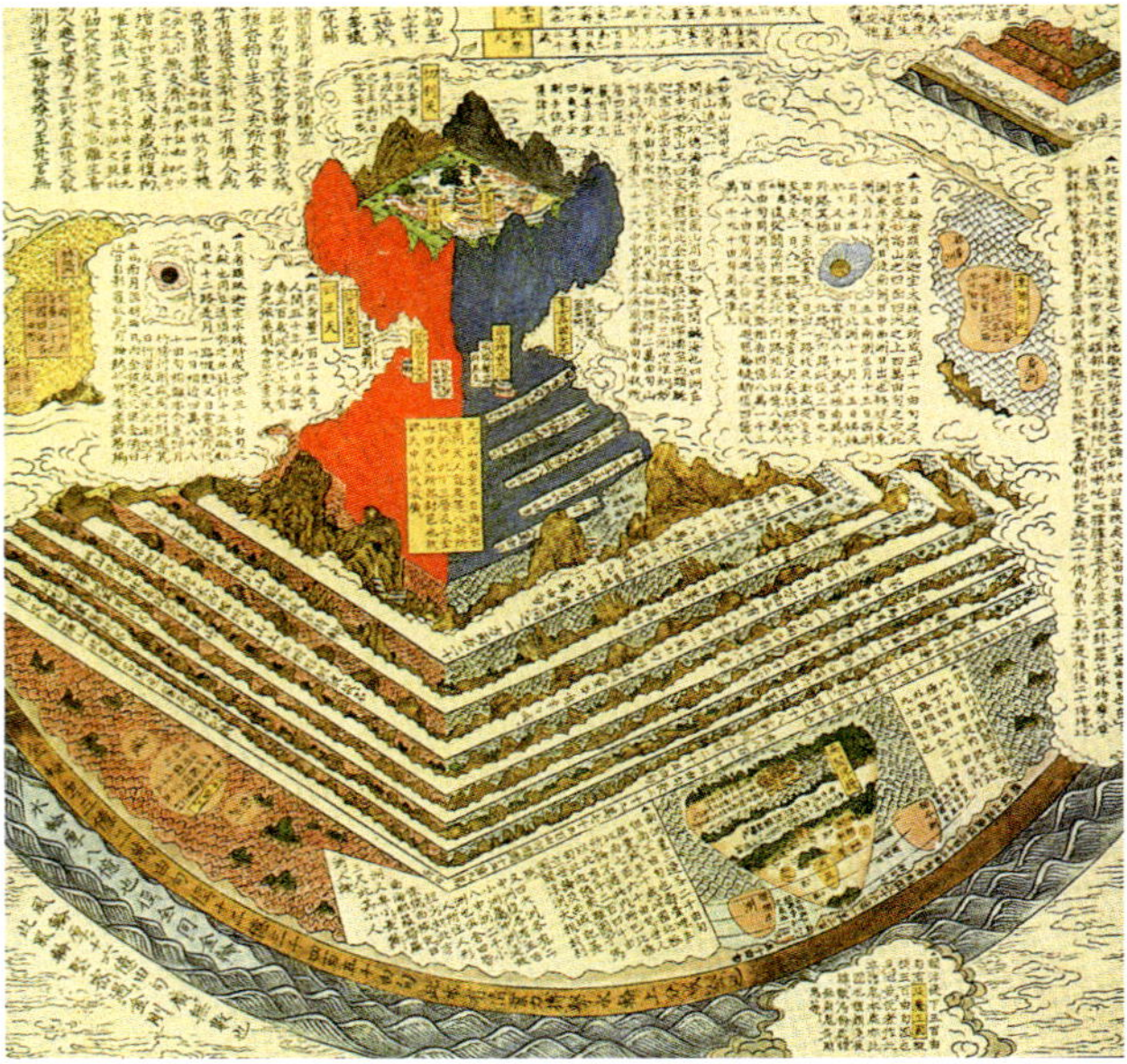

図3-1　世界大相図（須弥山と贍部洲）龍谷大学図書館蔵

地獄の場所と構造

私たちは漠然と天国は天空にあり、地獄は地下にあると考えがちだ。しかし、「天国」はユダヤ教やキリスト教、イスラムの伝統による概念であり、仏教でそれに相当するのは「浄土」である。

そして、仏典によれば浄土は複数ある。すなわち、西方にあるのは阿弥陀如来の極楽浄土《ごくらくじょうど》、東方にあるのは薬師如来の瑠璃光《るりこう》浄土《じょうど》、南方にあるのは観音菩薩の補陀落浄土《ふだらくじょうど》、天空にあるのは弥勒《みろく》如来の兜率天浄土《とそつてんじょうど》である。

では、地獄はどこにあるのか？

仏教の宇宙観によれば、この宇宙の中心には須弥《しゅみ》山《せん》と呼ばれる山がそびえ立つという（図3－1）。私たちが住むのは、この須弥山の周囲を囲む海に浮かぶ贍部洲《せんぶしゅう》と呼ばれる場所だ。須弥山の南方（画面右下方）にある、台形（おむすび形）の土地である。

地獄はさらに須弥山からみて贍部洲よりも外側にある鉄囲《てっち》山《せん》と大鉄囲《だいてっち》山《せん》の間に位置すると『増一阿《ぞういつあ》含経《ごんきょう》』第三十四「七日品」に説かれている。『起《き》世経《せきょう》』第二「地獄品」でも斫迦《しゃか》羅《ら》（鉄囲山）と大鉄囲山の間にあるという。二つの山の高さは六百八十由旬《ゆじゅん》（一由旬は約七キロメートルと推察される。したがって標高約四七六〇キロメートル）。極めて高い山脈が連なっているため、地獄の臭気は私たちの住む贍部洲にまで漂ってこないと考えられる（石田瑞麿『地獄』）。

右の仏典の記述にしたがうなら、地獄は地上と水平の位置関係にあることになる。これに対して垂直の位置関係、すなわち、地獄が地下にあることを説くのは『阿毘《あび》達磨《だるま》大毘《だいび》婆《ば》沙論《しゃろん》』第百七十二だ。同経では、地獄の場所と構造について種々の言説が見られるが、そのうち最も明快な説によるならば、贍部洲の地下五千由旬に泥土の層（泥・白墡・白土・赤土・黄土・青土）があり、その下に八大地獄が位置するとされる。八大地獄とは、上から等活《とうかつ》地獄《じごく》・黒縄地獄《こくじょうじごく》・衆合地獄《しゅうごうじごく》・叫喚地獄《きょうかんじごく》・大叫喚地獄《だいきょうかんじごく》・炎熱地《えんねつじ》獄《ごく》・大炎熱地《だいえんねつじ》獄《ごく》・無間地《むげんじ》獄《ごく》である。等活地獄～大炎熱地獄までは各高さ五千由旬、縦横五千由旬、無間地獄はそれより広大で高さおよび縦横二万由旬であるとされる（次頁・図3－2）。

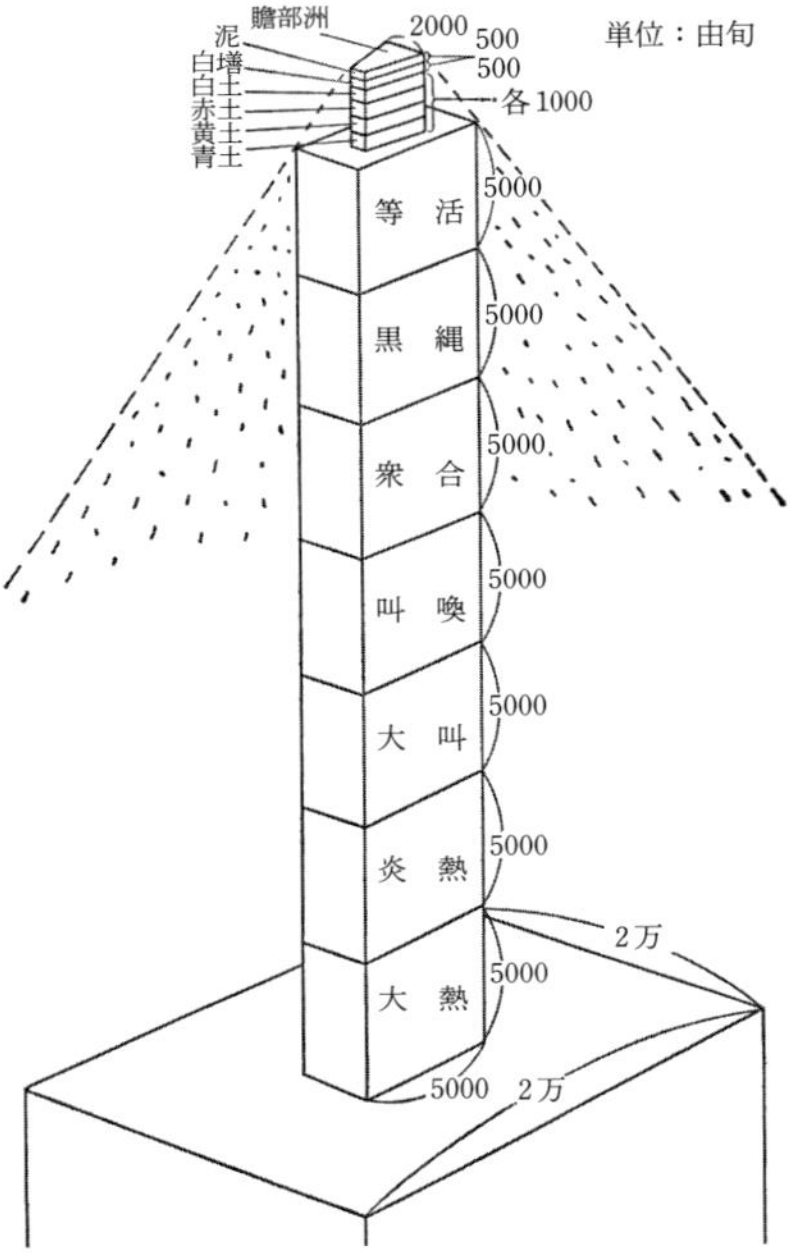

図3-2　地獄の配置図（定方晟『須弥山と極楽』講談社現代新書、一九七三年）

さらに『正法念処経』第五から第十五「地獄品」を参照すると、八大地獄それぞれは中央の責め苦の空間に加えて、その東西南北に四門があり、門外には別処《べっしょ》と呼ばれる小地獄が用意されているという。たとえるならば、地獄は地下八階建てのビルディングで、各階には一つのメインルーム（中央室）と四方にサブルーム（別処）があるといった構造である。

八大地獄のいずれに堕ちるかは、亡者の罪の種類や軽重による。

比叡山横川《よかわ》に住した恵心僧都源信《げんしん》が寛和元年（九八五）に撰述した『往生要集《おうじょうようしゅう》』は「極楽往生の指南書」と呼ばれ、念仏こそが往生の要点であることを説き明かした。念仏によって到達することのできる、すばらしい極楽世界の様子を詳述するのとは対照的に、本書の冒頭「厭離穢土《おんりえど》」において源信は六道輪廻の悲惨さについても語っている。そのなかで、八大地獄についてはとりわけ詳しい記述がなされる。

それによれば、等活地獄は殺生の罪を犯した者が堕ちる。黒縄地獄は殺生に加えて偸盗《ちゅうとう》の罪を犯した者が堕ちる、衆合地獄はさらに邪淫の罪を加えたものが堕ちる。叫喚地獄はもう一つ飲酒の罪を犯した者が堕ちる。大叫喚地獄は妄語すなわち虚言の罪が加わる。炎熱(焦熱《しょうねつ》)地獄は邪見すなわち不正な心の罪が追加され、大炎熱(大焦熱《だいしょうねつ》)地獄はそれらに加えて清浄な尼を犯した者が堕ちる。そして、無間(阿鼻《あび》)地獄は父母を殺すなど五つの大罪(五逆罪《ごぎゃくざい》)、因果の道理の否定、大乗仏教を誹謗《ひぼう》し、信者の布施を無駄に食した者などが堕ちるとされる。要するに、下層へ行けば行くほど亡者の犯した罪は重くなり、それにしたがい、亡者へ科せられる刑罰も厳しくなるというわけだ。各地獄それぞれの責め苦については、『往生要集』の記述をもとに、のちに一つひとつ丁寧に観ていこう。

また、地獄は空間的な広さばかりでなく、時間の流れも長大である。

源信の説くところによれば、たとえば等活地獄は「人間の五十年をもって四天王天の一日一夜となし、四天王天の寿命は五百歳であり、四天王天の寿命を地獄の一日一夜とみなして、そこでの刑期は五百年である」とされる。『往生要集』に記された八大地獄それぞれの刑期とその苦しみの比重とを一覧表にすると次のようになる(次頁・図3−3)。

かくのごとく、仏教的な宇宙観における地獄の時空は絶大のものであることが知られる。

地獄の名称	各地獄の1日の基準となる天	各地獄の1日（天の寿命）	各天の1日に相当する人界の年数	地獄の寿命（刑期）	苦の比較
等活地獄	四天王天	500年	50年	500年	（基準）1
黒縄地獄	忉利天	1000年	100年	1000年	10倍
衆合地獄	夜摩天	2000年	200年	2000年	100倍
叫喚地獄	覩率天	4000年	400年	4000年	1000倍
大叫喚地獄	化楽天	8000年	800年	8000年	1万倍
焦熱地獄	他化天	1万6000年	1600年	1万6000年	10万倍
大焦熱地獄				半中劫	100万倍
阿鼻地獄				中　劫	10億倍

図3-3　地獄の刑期と苦しみ
（兵庫県立歴史博物館『地獄』展覧会図録、一九九〇年）

しかも、前章で述べたとおり、仏教的な宇宙の構造は私たちの心と対応している。とするならば、この絶大なる地獄の時間と空間も私たちの心のなかに内包されていることになる。そのイメージは、私たちの日常生活で意識可能な時間感覚や空間感覚を遥かに超えたものであって、ほとんど意識できない領域に及んでいると想像されよう。いや、むしろ、想像を絶する広大無辺の世界、それこそが地獄であると云うべきか。そして、その無限の時空に、本論の主題とするところの、暴力とエロスの欲動が熱く激しく渦巻いているのだ。

それでは、等活地獄から阿鼻地獄へと八大地獄を順番に下降しながら、そこかしこに込められた心の躍動を見逃さぬよう注意を払いつつ、地獄の責め苦の数々をめぐって行くことにしよう。

互いに敵対心を抱く亡者

『往生要集』によると、等活地獄に堕ちた亡者たちは、お互い常に激しい敵意を抱いているとされる。もし亡者二人が出逢ったりすると、狩人が鹿をみつけたときのように興奮し、鉄の爪で相手を傷つけ合う。その結果、血も肉も完全に失われてしまい、ケンカの最後にはただ骨だけが残るという。鬼のごとき形相をした獄卒たちから亡者への一方的な責め苦ではなく、また、灼熱の焔になすすべなく焼かれる熱苦でもなく、源信は『往生要集』にてまず最初に亡者同士の闘争を冷徹に観察し、そこから地獄での苦しみを説き始めた。地獄に堕ちたのは、外因的なものではなく、亡者自らの心の内なる凶暴な性向に由来することが、ここに暗示されている。

『長阿含経《じょうあごんきょう》』巻十九「地獄品」に説かれる想地獄《そうじごく》に、これと同じような亡者同士のケンカについての記述がある。あるいは源信が『往生要集』を撰述するにあたり参照した『大智度論』巻十六では、亡者たちは鉄の爪ばかりか、武器さえも手にして互いを傷つけ合うと説かれる。

互いに敵対心を抱く亡者を描いた絵画を観てみよう（次頁・図3－4）。

ここに掲げたのは、鎌倉時代（十三世紀）に制作された滋賀・聖衆来迎寺《しょうじゅらいこうじ》蔵「六道絵」等活地獄幅に描かれた場面だ。四人の亡者が二組に分かれて、互いにつかみ合っている。

しばらく本場面を眺めてみよう。

すると、二組の亡者たちが互いにそっくりなことがわかるだろう。まるで、双子同士で取っ組み合いをしているかのように見えてくる。あるいは亡者は自身の分身と格闘しているかのような感がある。まるで自分自身と鏡に映った自分の虚像とが、向かい合ってケンカをしているかのようだ。

きっと亡者は、前世において自分自身が犯した罪が許せないのだ。それゆえ、自分と同じような罪を犯し、自分と同じこの地獄に堕ちた亡者を許すことができないのではないか。自己嫌悪の思いが反転して、他の亡者に対する敵意を生み出している。言い換えるなら、互いに敵対心を抱き闘争し続ける亡者とは、実は自分の手で自分自身を傷つける、いうなれば自傷行為を繰り返す者と読み解かれるであろう。

現実世界にも、お互いによく似た性格ゆえにソリがあわない者同士というのがいるものだ。なぜか相手を許すことができない。いわゆる近親憎悪である。また「もうなにをやっ

図3-4　六道絵（等活地獄幅・互いに敵対心を抱く亡者）聖衆来迎寺蔵

ても駄目だ」という絶望感や無力感から、自傷行為に走る十代から二十代の若者が少なからずいることも知られる。それは、自分の身体を傷つけることによって、心の不安やストレスを解消しようと企てているのだろう。心の苦しみを身体の苦痛に置き換えているのだ。さらには、自分自身を罰したいと思い悩んで自傷行為に走る人もいる。その心理的な背景には、親をはじめとする周囲の期待に自分が応えられないことに対する罪滅ぼし、あるいは自分にとって理想とする自我と自分自身の実際との間に大きな隔たりがあると思い悩んで、無意識に懲罰を科そうとする強迫観念が働いていると考えられている。

等活地獄において、互いに敵対心を抱く亡者たちは、地獄に堕ちた自己の運命を呪い、自分自身に対して罰を下さんがために、自分とそっくりの他の亡者に対して暴力をふるうのではあるまいか。

地獄の責め苦とは、ほかならぬ自分自身の心に端を発するものであること、いうなれば自己否定に由来するものであることが、まずここにうかがえよう。

獄卒に切り刻まれる亡者

聖衆来迎寺蔵「六道絵」等活地獄幅にて「互いに敵対心を抱く亡者」の下方に描かれているのは、まないたの上で獄卒に切り刻まれる亡者の姿だ（次頁・図3－5）。

図3-5　六道絵（等活地獄幅・獄卒に切り刻まれる亡者）聖衆来迎寺蔵

これについて『往生要集』は、獄卒が手にする極めて刃の鋭い刀によって、あたかも料理人が魚を切り刻むように、亡者の肉体は切り裂かれると説いている。獄卒の行為を魚の調理に譬えることは、源信が『往生要集』撰述の際に典拠とした『大智度論』『瑜伽師《ゆがし》地論《じろん》』『諸経要集』には見当たらない。ゆえに、この文言は源信自身による創作かと思われる。

あるいは『仏名経《ぶつみょうきょう》』巻二十に亡者の身体を解体する「解身地獄《げしんじごく》」に関する記述がみえ、同経に基づいて描かれたＭＩＨＯ ＭＵＳＥＵＭ蔵「沙門地獄草紙《しゃもんじごくぞうし》」がある。この絵にも、聖衆来迎寺本と同じように、獄卒たちが罪人をまないた上で切り刻む場面が描かれている。

「沙門地獄草紙」は、平安初期（九世紀）から毎年年末の宗教行事として開催されていた仏《ぶつ》名会《みょうえ》という儀式の場に飾られていた「地獄変御屏風《じごくへんおんびょうぶ》」の図様を写したものと推定されている（小林太市郎『大和絵史論』）。もしかしたら、平安中期（十世紀）の僧侶であった源信は、この屏風を見る機会があり、そこから先の譬喩《ひゆ》を案出したのではないかと想像されよう。

また、平安後期（十二世紀）に制作された和歌山・粉河寺《こかわでら》蔵「粉河寺縁起」、鎌倉時代（十四世紀）に制作された山口・防府天満宮蔵「松崎天神縁起」巻五、同じ頃の制作になる宮内庁三の丸尚蔵館蔵「春日権現験記絵」巻十三や京都・西本願寺蔵「慕帰絵」巻五など古代から中世の絵巻物遺品には、現実世界において人々が料理を作る場面が描かれている。実生活での調理の様子とこの場面での地獄での獄卒たちの身振りとは、たいへんよく似ている。調理場面に似せることによって、獄卒による責め苦は、当時の人々にとっても体感を伴った、実にわかりやすいイメージとして受容されたであろうと推察される。

『往生要集』の記述に戻ろう。

獄卒による亡者の調理に続けて、源信は次のように記す――「一旦は切り刻まれて殺された亡者だが、涼しい風が吹いてくると生き返る。しかし、それもつかの間のこと、再び獄卒に捕らえられて、獄卒たちの手で調理されるのだ」と。また「この地獄に堕ちた罪人どもよ、生き返れ」と天空から声がする。あるいは、獄卒の一人が「活々《かつかつ》（生き返れ、生き返れ）」と呪文を唱えると、切り刻まれたはずの亡者は再生するのだとも記される。八大地獄のうち、ここが「等活地獄」の名で呼ばれるのは、かくのごとく亡者が皆等しく生き返るがゆえである。

聖衆来迎寺蔵「六道絵」のこの場面（60頁・図3－5）では、まないた上での調理場面のすぐ下に、肉をそぎ落とされて白骨化した死体が見える。そして、そのすぐ下には赤子の姿が描かれている。この赤子が、風や呪文などの効力によって、再び生き返った亡者にほかならない。しかし、再生したとはいえ、ここは地獄だ。もう一度はじめから責め苦を受けねばならぬ。それが無限とも思われる長大な時間にわたって繰り返される。亡者にとって、それは悪夢の連続であるだろう。

たとえば悲惨な戦場を体験した兵士は、戦争が終わったあとも、その場面を繰り返し夢に見ることがあるという。今日云うところの心的外傷後ストレス障害（ＰＴＳＤ）だ。戦争ほどではないにせよ、私たちも幼い頃の嫌な思い出や恐ろしい体験を大人になって夢に見て、冷や汗をかきながら目覚めることが時々ある。あるいは、見知らぬ土地を散策していると、色々な方向に勝手気ままに歩いていたはずなのに、なぜか同じ場所に戻ってきてしまう。そんなとき、言い知れぬ不気味な感覚が私たちの心を支配する。

自分の意思に反して、同じ行為が繰り返し反復されることは、耐え難い苦痛であり不気味な体験であるだろう。しかし、それを避けることができない。楽しい夢と恐い夢が自分の好みで取捨選択できないように、人の無意識はそうした反復を繰り返し強迫的に要請してくるものなのだ。

等活地獄において生き返っては殺され続ける亡者の悪夢は、今の私たちのように現世で平穏に生きる者にとっても、同情し共感できる苦しみと理解されよう。

釜ゆでになる亡者

等活地獄の別処の一つ瓮熟処《おうじゆくしよ》に目を移そう。

聖衆来迎寺蔵「六道絵」等活地獄幅に、この別処での責め苦が描かれている（図3－6）。「ここに堕ちた亡者たちは、鉄の釜に放り込まれ、豆のように煎《い》られる。前世において動物を殺し、その肉を煮て食べた者が、この中に堕ちる」（『往生要集』）

地獄の責め苦の一つに釜ゆでの刑があることは、今もよく知られている。

その起源はどこまでさかのぼるか？

そもそも亡者を責める道具立てとして、地獄の釜は歴史的に最も古く、かつ地理的にも広く知られたものだった。たとえば、最初期の仏典の一つ『スッタニパータ』六七〇には「また次に（地獄に堕ちた者どもは）火炎があまねく燃え盛っている銅製の釜に入る。火の燃え盛るそれらの釜の中で永いあいだ煮られて、浮き沈みする」との一文がみえる（中村元『ブッダのことば』）。以後、多種多様な経典でそれについては言及された。

造形遺品としては七世紀頃の中央アジア・キジル千仏洞の壁画、八～九世紀のジャワ・

図3-6　六道絵（等活地獄幅・釜ゆでになる亡者）聖衆来迎寺蔵

ボルブドゥルの浮彫、十世紀の敦煌《とんこう》・楡《ゆ》林窟《りんくつ》第三十三窟の壁画など、各地の著名な仏教遺跡に描かれた（あるいは石に刻まれた）地獄の釜が見出される。経典にもとづいて、そのイメージがアジア仏教文化圏にて長く広範に流布していた事実が了解される。

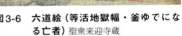

では、日本での釜ゆでのイメージ受容はいつか？

平安初期（九世紀）に編纂された我が国最古の仏教説話集『日本霊異記』に「大海の中に釜のような地獄があり、その中で黒い杭のようなものが、熱湯に沸き返っては沈んだり浮かんだりしていた」との記述がある（巻下第三十五「官《つかさ》の勢《いきおい》を仮りて、非理に政《まつりごと》を為し、悪報を得し縁《えに》」）。浮沈していたのは物部古丸《もののべのふるまろ》という名の亡者であった。日本においてもまた、すでにこの頃には、釜とその中に入れられた亡者がかなり具体的に想定されていたことがうかがえる。さらに平安後期（十二世紀）『今《こん》昔物語集《じゃくものがたりしゅう》』以降の説話集や室町時代（十五世紀）の御伽草子でも、地獄の釜のイメージは繰り返し語られ続けた。

それならば、釜ゆでの場面を描いた絵画はどうか？

平安中期（十一世紀）、藤原道長建立の法成寺《ほうじょうじ》の十斎堂《じっさいどう》には地獄絵の壁画が描かれていた。そのなかに「鑊湯地獄《かくとうじごく》」と称される場面があったらしい（大串純夫「法成寺十斎堂の地獄絵」）。鎌倉前期の貞応二年（一二二三）、宣陽門院《せんようもんいん》（覲子《きんし》内親王）御願により建立された醍醐寺焔魔堂の壁画にも同じような場面が描かれていた可能性は高い（阿部美香「醍醐寺焔魔堂史料三題」）。だが、この二作品は現存せず、史料上においてのみ知られる事例である。

今に伝わる遺品としては、天平時代（八世紀）制作の奈良・当麻寺《たいまでら》蔵「当麻曼陀羅」第十観「観音観」にごく小さくではあるが地獄の釜が描かれている。続いては平安後期（十二世紀）作の岩手・中尊寺大長寿院蔵「大般若経（中尊寺経）」第五にやや大きく、さらに鎌倉時代（十三〜十四世紀）になると、兵庫・極楽寺蔵「六道絵」中幅など種々の作品に散見される。聖衆来迎寺蔵「六道絵」もそうした遺品の一つだ。

あらためて聖衆来迎寺本（図3－6）を観ると、筋骨隆々とした獄卒が気合いを込めて釜をかき回している。目を凝らすと、釜の中に亡者たちの頭や手足が緻密に描写されているのが見出される。彼らはもはや人間としての体型を保持していない。

この場面をみつめつつ、それと同時に、たとえば現代の私たちがキッチンにて料理を作るときのことを想起してみよう。

ぐつぐつと煮立った鍋に入れられた肉や野菜は総体として食材であって、もはや一つひとつ個別のものではない。それと同じように、地獄で釜ゆでにされている亡者は個性を有していない。一人ひとりの存在は消え去り、材料（肉の塊《かたまり》）とみなされるのみだ。

釜ゆでの刑罰は、ただ単に熱湯により身体的な苦痛が与えられるばかりではなく、「自己」であることの個性、自身のアイデンティティが溶解し消滅させられてしまうがゆえに、亡者たちに深く心理的な苦悩を負わせるのだ。その苦しみの歴史は右に述べたように、長く広くそして深い。

鉄の縄を渡ろうとする亡者

続いては、等活地獄の一つ下層の黒縄地獄へと進み入る。「黒縄地獄」はその名のとおり、黒い縄を使った各種責め苦を集成した地獄である。

数々ある責め苦の一つは次のようなもの。「ここには左右に大きな鉄の山がある。それぞれの山頂には鉄の棒が立っていて、その間には鉄の縄が張られている。下には煮えたぎった大釜がみえる。獄卒は亡者の背中に鉄の塊を結びつけ、彼らを威嚇《いかく》して鉄の縄へと追い詰める。すると、亡者たちは鉄の塊の重さに耐えかねて、大釜へ落下してしまうのだ」（『往生要集』）

聖衆来迎寺蔵「六道絵」黒縄地獄幅に描かれた、この場面を観てみよう（次頁・図3―7）。『往生要集』にて源信が記したとおり、獄卒に追い立てられた亡者たちは、二本の支柱の間に張られた縄を渡り、なんとか逃れようとしている。しかし、罪人の背には鉄の塊がくくりつけられているので、彼らは一人残らず墜落する。落ち行く先では、火焰に包まれた煮えたぎる釜が口を開け、哀れな罪人たちをまちかまえている。獄卒からなんとか逃げようとする亡者の努力が、文字どおり水泡に帰したときの絶望感、そういった暗澹《あんたん》たる気持ちが、画面から伝わってくる。

こうした罪人の綱渡り場面は兵庫・極楽寺蔵「六道絵」右幅、大阪・水尾弥勒堂蔵「六道十王図」右幅、出光美術館蔵「十王地獄図」右幅などの掛幅六道絵、あるいは京都・金戒光明寺蔵「地獄極楽図屛風」さらには宮内庁三の丸尚蔵館蔵「春日権現験記絵」巻六など鎌倉〜南北朝時代（十三〜十四世紀）の種々の絵画に繰り返し描かれている。その場面はどの作品においても、ほぼいずれも同じ図様である。聖衆来迎寺本以降、この図様は継承され定型化し、我が国中世から近世にかけて広く知られていたことが、現存する多くの絵画遺品からわかる。

亡者の背中に結びつけられた鉄塊は、物理的に身体の自由を奪うものである。それとともに、心理的には彼らの犯した罪を象徴しており、罪の意識が重荷となって亡者を拘束し

図3-7　六道絵（黒縄地獄幅・鉄の縄を渡ろうとする亡者） 聖衆来迎寺蔵

ているものと解釈される。理不尽に獄卒に追い立てられるのは、やはり同じように罪の意識の表れであり、そこからの逃避願望を意味する。追い詰められて綱渡りを強いられ、結局はそこから落下してしまうのは、自分の今いるところへの固執——社会的な地位であったり、家族内での役割であったりが十全に果たせないことへの焦り——を象徴しているのではあるまいか。

本場面をそのように読み解いてみると、ここに描かれた亡者たちの様子は、私たち自身が日常感じている不安や恐怖の代償

図3-8　十王地獄図（左幅・墨縄を施される亡者） 出光美術館蔵

とみなすことができるだろう。

この絵の中で落下する亡者は、実はあなた自身やあなたの同僚やあなたの家族といった誰かの心の内面を表徴していると思うなら、あなたは地獄絵にますます惹き込まれてしまうに違いない。

墨縄を施される亡者

黒縄地獄での責め苦の一つとして『往生要集』は「この地獄の獄卒たちは、亡者をつかまえて、焼けた鉄の地面に寝かせ付け、焼けた鉄の縄で亡者の身体に縦横のしるしをつけ、斧やのこぎりで切り刻み、何百何千の肉のかたまりにして、そこかしこに散らかす」と説く。「身体に縦横のしるしをつける」のは、木材を切る際に用いる墨縄《すみなわ》という道具だ。木綿糸に墨を染み込ませ、それを木材にあてがうことで直線を引く。これを目安として斧やのこぎりで切断する。

現存する絵画遺品では、滋賀・聖衆来迎寺蔵「六道絵」黒縄地獄幅をはじめとし、京都・北野天満宮蔵「北野天神縁起（承久本）」巻七、大阪・水尾弥勒堂蔵「六道十王図」右幅、出光美術館蔵「十王地獄図」左幅などに、右の『往生要集』の文言に対応する場面が描かれている。これら諸作品においては、まるで丸太のごとく、されるがままになっている亡者たちを前にして、獄卒たちは墨縄・斧・のこぎりなどを巧みに操り、互いに協力し合いつつ実に勤勉に働いている。

それは、たとえば宮内庁三の丸尚蔵館蔵「春日権現験記絵」巻一、滋賀・石山寺蔵「石山寺縁起」巻一、神奈川・光明寺蔵「当麻曼荼羅縁起絵巻」巻上、山口・防府天満宮蔵「松崎天神縁起」巻六など絵巻物に登場する、現実世界における建築現場にて大工職人たちが作業する様子と相同である。

また彼らが用いる道具類も共通する。正倉院には、天平時代（八世紀）にさかのぼる墨縄が伝来する。広島・草戸千軒町遺跡でも、鎌倉〜室町時代（十三〜十六世紀）の遺品と推定される斧、のこぎり、鑿《のみ》、木槌など多種多様な木工道具がみつかっている。作業工程ばかりか、それらと本場面に描かれた獄卒たちが使う道具もまた、とてもよく似ている。

これら諸作品を描いた絵師は『往生要集』の記述と現実世界で目にした大工仕事の手順や道具とを重ね合わせ、場面の細部描写を具体的に練り上げたのだろう。

それでは、地獄絵のなかのこの場面を観てみよう。

前頁に挙げたのは、南北朝時代（十四世紀）に制作された出光美術館蔵「十王地獄図」左幅下方に位置する場面である（図3－8）。向かって左側に墨縄を施す獄卒、右側にそのしるしにしたがってのこぎりびきをする獄卒が描かれる。

注目すべきは、二人の間にいる亡者が丸裸の女性であることだ。雄々しい獄卒が、か弱い女性の亡者に対して、力ずくでその身体に暴力を振るっているのが、観る者の目を惹きつける。観る者の「まなざし」はこの残酷な場面から離れられなくなってしまう。そして、このイメージが意識の奥底に沈潜するような、忘れがたいものとなる気がする。

それは一体なぜだろう？

その心理の解析には性差《ジェンダー》の観点が導入されよう。すなわち、男性の鑑賞者が本作品を目にしたとき、彼は獄卒に感情移入をして、自らを暴力をふるう主体とみなして性的な興奮が得られるのではないだろうか。彼の視点からはサディスティックな「まなざし」が、本場面へと向けられていたものと思われる。対して、女性の鑑賞者が本作品を目にしたとき、彼女は亡者に自己投影をして、来世にて待ち受ける苦痛と恥辱に打ち震える。あるいは、マゾヒスティックな欲望が「まなざし」によって開示されるのではあるまいか。他界での苦痛と恥辱は、反転して、現世における自身の隠された不安ないし欲望を表徴する。

地獄とは、現実の日常生活を逸脱した、無意識下にある暴力とエロスの世界である。

このことが、この場面にはとても明快に示されているものとみなされるだろう。

縄で縛られた亡者

黒縄地獄の別処として『往生要集』は「等喚受苦処《とうかんじゅくしょ》」の名を挙げる。ここは「亡者を険しい岸のはるか高い処に連れて行き、焼けた黒縄で縛りあげ、そこから鋭い鉄の刀が立ち並ぶ利き鉄刀の熱地の上に落とす。さらに鉄の牙を持ち焔をだす狗《いぬ》に喰われて、身体中の肉がかみ砕かれる。亡者は声をあげて助けを求めても、だれも救う者はいない」といった場所だ。生前に説教するにあたって間違った思想を吹聴《ふいちょう》したり、不誠実にすべて顧みることなく生きた結果、最期には自殺してしまった者が、こうした責め苦を受けると云う。源信は『往生要集』を撰述するにあたり『正法念処経』巻六を参照し、このように記した。

聖衆来迎寺蔵「六道絵」黒縄地獄幅では、崖の上方にて獄卒に亡者が押さえつけられ縛り上げられている。身動きのできなくなった彼らは崖の突端まで運ばれ、そこから谷底へと突き落とされる。亡者たちは頭を下にして落ちる。画中に描かれた彼らはすべてが同一人物ではないようだが、遠目に見ると一人の亡者が追い詰められ、捕縛され、そして墜落へと至る過程が、時間経過に即して展開されているかのように見える。その下方には狗が描かれていたようだが、現状では画面損傷のため判然としない。本図を写した江戸時代（十八世紀）制作の模本において、その姿は確認できる。

本場面でとりわけ注目されるのは、亡者の縛り方である（図3－9）。

多くの人は他人をかくのごとく縛った経験はないだろうが、ここに描かれた首と両手両足を固定する拘束の仕方は、見るからに合理的で無駄がない。かつて現実世界において検《け》非違使《びいし》（平安京の治安を司る警察隊）などに捕らえられた罪人やあるいは武士たちの戦闘で敗れた者が、これと同様の仕方で縄を打たれたことだろう。おそらくは、その緊縛の方法が、本場面の緻密で克明な描写に反映されているのだ。

図3-9　六道絵（黒縄地獄幅・縄で縛られた亡者）聖衆来迎寺蔵

先にも述べたように、身体の物理的な拘束は精神の心理的な抑圧と結びついている。それは、心身ともに辛く厳しいことであるのは間違いないが、しかしまた、世間にはこうした縄による拘束を好む性癖を有する者がいることもよく知られている。

たとえば、明治十八年（一八八五）月岡芳年《つきおかよしとし》が描いたところの「奥州安達ケ原ひとつ家の図」では妊婦が縄で縛られ逆さ吊りにされている。あるいは、明治から昭和期を生きた伊藤晴雨《いとうせいう》の描いた責め絵や縛り絵。江戸川乱歩《えどがわらんぽ》の「D坂の殺人事件」「人間椅子」

「芋虫」などなど。それらの身体的拘束に対して強い忌避感を抱く者もいれば、否応なく興奮を感じる者もいる。忌避感は、もしかしたら、心のうちの不道徳な興奮を抑えようとする自制心が発現したがゆえの感情かもしれない。

聖衆来迎寺本の本場面においては、縛り上げる獄卒たちの側に感情移入することができるし、縛り上げられる亡者の姿に自己投影することも可能だ。

地獄絵は加虐的／被虐的なエロスを、観る者の心のうちに感じさせずにはいられない。

刀葉樹

続いては、さらにもう一層下に位置する衆合地獄の責め苦に視線を移そう。

「獄卒は、地獄に堕ちた亡者をつかんで、刃のような鋭い葉の繁った木の林へと連れ込む。木の上を見ると、顔立ちが整い、きれいに着飾った女がいる。そこで亡者は木を登ろうとすると、刀の葉が亡者の身体を切り裂く。このように身体を傷つけてでも女に会いたくて、やっと木の上にまで行き着く。すると、どうしたことか、女はいつの間にか地上にいるではないか。そして、女は『あなたのことを想うがゆえに、私は下におりて来たのですよ。どうして、あなたは私のそばにいらして、私を抱きしめてくれないのかしら』などと語るのだ。亡者はそれを聞くと、居ても立ってもいられなくなり、すぐに下に降りはじめる。

すると刀の葉はふたたび亡者の身体を切り裂く。傷だらけになりながらも、ようやく地上に着くと、女はまた木の上にいるのだ。もはや欲望に駆られて理性を失った亡者は、木の上り下りを永遠に続ける」（『往生要集』）

これは衆合地獄の責め苦の一つとして、よく知られた刀葉樹《とうようじゅ》についての記述である。刀葉樹に関してはいくつかの経論に説かれる。たとえば『大智度論』第十六にて説かれる鉄刺林地獄《てつしりんじごく》などがその一つ。そこでは、樹上の美女は蛇の化身であるとされる（石田瑞麿『地獄』）。しかし、なによりもそれについて詳述するのは『正法念処経』巻六であり、『往生要集』撰述に際して源信が参照したのも『正法念処経』であった。右の引用は同経の文言を手際よく整理し要約している。

聖衆来迎寺蔵「六道絵」衆合地獄幅に描かれた、これに該当する場面を観てみよう（次頁・図3－10）。

まず右方の木の上部、ここに十二単衣《ひとえ》の衣を着た美しい女がいる。この女を求めて木を上りつつある男の身体は、剃刀《かみそり》状の葉によって切り刻まれ、血が流れ始めている。しかし、男はそんな痛みをものともせずに、樹の先端まで登り詰める。ところがどうしたことだろう、左方の木をみると、女はいつの間にか地面へと下りており、媚《こ》びた目で男をじっとみつめているではないか。そこで男は女を求めて木を下りる。上ったときと同じように全身

図3-10　六道絵（衆合地獄幅・刀葉樹）聖衆来迎寺蔵

を切り刻まれ、そこから新たに血を流しながら、ようやくにして地面へと着いたとき、男が目にするのは再び木の上にいる女の姿だ。かくして、男は女の幻影を追って永遠に木を上り下りする。場面はそれを左右二本の木で並列的に表現している。

聖衆来迎寺本以前の現存作例としては、鎌倉前期（十三世紀）制作の京都・立本寺《りゅうほんじ》蔵「金字法華経宝塔曼荼羅」巻一に刀葉樹の場面が小さく描き込まれている。聖衆来迎寺本以降の遺品では、鎌倉後期から南北朝時代（十四世紀）制作の禅林寺蔵「十界図」地蔵幅、極楽寺蔵「六道絵」左幅、水尾弥勒堂蔵「六道十王図」左幅など多数の作品中に刀葉樹は見出される。ほぼいずれの作品においても、美女が樹上ないしは樹下にいる定型の図様を用いている。しかし、出光美術館蔵「十王地獄図」右幅のみ、それらと異なる。ここでは男女の立場は逆転し、樹上の美男子とそれを追いかける胸を露わにした女の亡者が描かれているのだ（図3－11）。

男と女の立場の逆転は、単にこれを描いた絵師のきまぐれや描き間違いなどではない。仏教では、そもそも男よりも女の方が罪深いという考え方が説かれていた。鎌倉時代から南北朝時代（十三～十四世紀）を生きた浄土真宗の僧侶・存覚《ぞんかく》が記した『女人往生聞書』には『涅槃経』からの引用として「あらゆる三千界の男子のもろもろの煩悩を合わせ集めても、その総量はたった一人の女の罪障と等しい」などと説かれている（高田衛『女と蛇』）。こうした考え方は古代、仏教伝来当初から我が国で知られていたであろうが、はじめは重視されていなかった。しかし、徐々に社会へと浸透していき、中世に入ると世間で常識とみなされるようになったようだ。家父長制や一夫多妻制といった現実の社会の在り方が、たとえば本妻と妾《めかけ》との間の力学（嫉妬心）をあおるなどして、異性愛に関して女性は過重の心的負担を抱えたのが、我が国中世そして近世という時代であった（赤松啓介『女の歴史と民俗』）。男を求め刀葉樹を登る女の亡者の姿は、こうした社会的な女性の立場を写し出したものと読み解かれるのである。

『往生要集』によれば、刀葉樹を上り下りする亡者たちに向かって、獄卒は次のような言葉を投げかけるという。

図3-11　十王地獄図（右幅・刀葉樹）出光美術館蔵

異人の作れる悪をもて、異人は苦の報を受くるにあらず。自業自得《じごうじとく》の果なり。衆生皆かくのごとし。

「他人の行った悪い行為によって、自分が苦しい報復を受けているのではない。自身がした行為の結果として、自分がその罰を受けているだけなのだ。人間というものは、皆このような者なのだ」といった意味である。

また『正法念処経』巻六にも次のように説かれる。

衆生の心は調順すべからずして、地獄中に在るも猶《なお》かくの如し。まさに知るべし、心は信ずべからざるなり。

ここには「人間の心は思い通りにならぬもの。地獄にあっても同じである。心というものを信じてはいけない」と説かれている。

男であっても女であっても、自らの心を十全にコントロールすることは不可能であり、だからこそ人は自らを傷つけてしまう。まさしく自業自得なのである。

衆合地獄の刀葉樹の責め苦は、こうした心と身体の相関関係によって成り立っている。

しかし考えてみれば、それは地獄の責め苦に限ったことではない。現世において、異性を求める恋愛感情もまた自らの心に意図せず生じるものであり、コントロールが利かない。それゆえ、多くの場合ほかならぬ自分自身を傷つけてしまうものだ。自業自得と云われれば、その通りである。

こう考えると、異性愛の地平において、現世を生きる私たちと刀葉樹を上り下りする地獄に堕ちた亡者たちとは、さほど隔たったところにいるわけではない――そのように思われてくるのである。

悪見処

聖衆来迎寺蔵「六道絵」に描かれた衆合地獄の別処の一つ悪見処《あくけんしょ》へと移動しよう（次頁・図3－12）。この場面の向かって右方では、一人の亡者が二人の獄卒に捕まり、逆さまにされ無理矢理に足を左右に開かれている。もう一人別の獄卒は、熱く煮えたぎる銅を彼の肛門に流し込もうとしているのだ。その左方では、なにやら地獄には似つかわしくない白肌の子どもが、獄卒たちに虐待されているようだ。子どもに槍が突き立てられている。その様子をじっとみつめる男が一人、この場面の左下隅に描かれている。

これは『往生要集』の次の記述に対応する――「悪見処とは、他人の子どもを誘拐し、

図3-12　六道絵（衆合地獄幅・悪見処）聖衆来迎寺蔵

無理矢理に性行為をして泣かせた者が、ここに堕ちて責め苦を受ける場所である。すなわち、亡者は、自分の子どもが、この地獄の中にいるのをみつける。獄卒は鉄の杖や鉄の槍をもって、その子の股間を突き刺したり、あるいは鉄の釘をその子の性器に打ち込んだりしている。自分の子どもがこのような苦しみを受けるのをかわいそうで見ていられず、亡者は悲しみのあまり気絶してしまう。この苦しみに比べれば、自分が火で焼かれる苦しみを十六倍しても及ばない」と。さらに続けて「この亡者は、こうした苦しみを味わったあとで、次には自分自身が身体的な苦しみを受けざるを得ない。すなわち、頭を下にされ、焼けて液状になった銅を、その肛門からそそぎ入れられ、体内のすべての器官が焼けただれて、最後に口から出る」と。そして「このような精神的・身体的な苦しみが、何百千年ものあいだ続く」と説かれる。

画中の白肌の子どもは、ここで責め苦を受ける亡者の実子であった。この亡者は現世において他人の子どもを誘拐し、性暴力を加えた者である。その罪ゆえに地獄堕ちした男は、ここで実子が獄卒たちに陵辱されるさまを目の当たりにするのである。因果応報である。これが心的な苦しみであるとするなら、さらにもう一つ身体的な苦しみも用意されている。それが尻から熱銅を流し込まれる責め苦である。

『往生要集』に説かれるところの、この周到に用意された身心二つの責め苦に加えて『正法念処経』巻六はさらにもう一つ、この亡者に苦しみを科している。それは、この男が因果の果てに地獄を逃れ、来世において人間として生まれることがあったとしても、そのとき彼は子種のない者となるという苦しみだ。世間はそんな彼を「不男《ふなん》（性的不能者）」と罵《ののし》り軽蔑するという。これは『往生要集』には説かれず、『正法念処経』巻六のみに記されるところである。前世での男の悪行と当世（地獄）でのそれに対する処罰、さらに遠く来世での報いまでもが待ち受ける、因果のスケールは壮大だ。幼児虐待――子どもを誘拐し性暴力を加えること――が、いかにおぞましい罪であるかを仏典は強く教え諭《さと》そうとしている。

聖衆来迎寺蔵「六道絵」の場面も、そうした因果応報の定めを視覚的に伝える目的で制作された。

ただし、絵はそのことを表明するために、白肌の子どもが獄卒たちに陵辱される場面を描かざるを得なかった。それはつまり、性暴力の禁止を訴えるはずの場面が、逆に性暴力の在り方を目に見えるかたちで具体的に提示していることにほかならない。そして、それに伴う快楽や暗い欲望を、これを描いた絵師や本図の制作を依頼した注文主の心に惹起《じゃっき》させてしまうという逆の効果を生じさせている。画中において白肌の子どもをみつめるのは、罪を犯した男だけではない。凶暴な獄卒たちがいる。それゆえに、これを描いた絵師や絵を前にした注文主は、亡者にも獄卒にも、そのどちらに対しても感情移入することが可能であったはずだ。かつて本図を目の当たりにした人たちは、果たして一体どちらの視線におのれのまなざしを重ね合わせたことだろう。こうした、いわば「見ることの快楽」に、かつて誰一人とらわれなかったと言い切れるだろうか。

現在の鑑賞者である私たちもまた、こうした快楽と無縁の場所にいるわけではない。私たちが地獄絵や六道絵に思わず惹き込まれるのは、宗教的あるいは倫理的な関心からではないだろう。むしろ私たちは自身でさえも日常では思いもよらぬ感覚、それはすなわち無意識下にある暴力と性への欲動ゆえに、その画面を真摯《しんし》に見つめてしまうのではないか。

そうした心の構造を、我が身のこととして省みてみる余地はある。

教理的には現世の悪行や邪欲を戒める地獄絵とは、つまり、それ自体が反転されて悪行や邪欲のなんたるかを白日のもとに曝《さら》すことを許す「裏返しの欲望の表象」と呼び得るものなのかもしれない。

多苦悩

「衆合地獄には多苦悩《たくのう》と名づけられた別処がある。男でありながら男と性交をなした者が堕ちて、苦しみを受ける場所である。この地獄で生前に関係を持った男子を見ると、身体中が焔に包まれている。その身体を抱くと、亡者の身体も焼けて粉々になってしまう。死んでもすぐに生き返り、恐ろしくなって逃げ出すと、焔の身の相手が追いかけてくる。ついには険しい崖に追い詰められ、亡者はそこから落下してしまう。落ちた先には嘴《くちばし》から焔を出す鳥、口から火を吐く狐がいて、亡者を食い散らかすのだ」（『往生要集』）

すなわち、男性同性愛者が堕ちるとされるのが、ここ「多苦悩」と呼ばれる別処である。該当場面は聖衆来迎寺蔵「六道絵」衆合地獄幅の向かって左下方に描かれている（次頁・図3‐13）。崖の中腹にいるのが、罪人が前世で交際していた男子。『正法念処経』巻六は「熱炎の頭髪あり、一切の身体皆 悉《ことごと》く熱炎にして、其の身堅鞕《かた》きこと猶し金剛の如」き姿に変

図3-13　六道絵（衆合地獄幅・多苦悩）聖衆来迎寺蔵

身していたとする。この記述は『往生要集』以上に具体的だ。絵画では、文字どおり全身火焔に包まれた美少年のイメージで、それは描写されている。ここでは獄卒に代わって、この男子が罪人を責め立てる。抱きついてきたり追いかけてくる男子から、逃れようとして崖より飛び降りると、下では火を吐く獅子と怪鳥が口を開け、罪人を食らわんと待ち受ける。

そうした責め苦について詳述したのち、続けて『正法念処経』巻六は、もしこの亡者がこの別処で刑に服して、そののち仮に再び人間に生まれかわることがあったとしても、彼は一人も妻をめとることができない、と「邪行の業因」という追加の因果について説く。現在とは異なり、かつて男色はそれほど重い罪ととらえられていた。

ただし、それが罪としてとらえられ罰が用意されているのは、それを犯す者が必ずいたからである。古今東西、同性愛を禁止する宗教は多いが、それはすなわち、同性愛が人類史上普遍的に認められることを示す証拠にほかならない。わが国では平安後期の貴族・藤原頼長《よりなが》の性癖がよく知られているが、彼の日記『台記《たいき》』を読むかぎり、頼長は男色にさほど罪の意識をもっていたようには思えない（東野治之「日記にみる藤原頼長の男色関係」、五味文彦『院政期社会の研究』）。平安貴族ばかりではない。出家した僧侶たち、戦国大名たちの間でも男が男を愛することは広く行われていた（松尾剛次『破戒と男色の仏教史』、乃至政彦『戦国武将と男色』）。同性愛が社会一般で行われていたならば、すなわち、わが国においては仏典に規定されているほどに厳格な禁止事項でなかったなら、この場面は必ずしも鑑賞者に対して、強い訓戒的メッセージを与えはしなかったかと思われる。

むしろ、この場面に描かれた白肌で垂髪の美少年は、刀葉樹の美女と同様に、いわば愛欲の対象としての他者の幻影として、かえって観者の心の内にある性的な欲動を刺激した可能性を考えてみる必要がある。身体が火焔に包まれているとはいえ、上半身が裸の美少年は、これを描いた絵師、この絵の制作を命じた注文主、そして今この場面を目にしている私たちにとって、魅惑的でもある。

禁止が欲望に火をつける——禁止を命じる経論《テクスト》が典拠となって、欲望を扇動する絵画《イメージ》が創作されるのである。

忍苦処

江戸時代の天保十四年（一八四三）刊行『和字絵入往生要集』には、衆合地獄のもう一つの別処である忍苦処《にんくしょ》での責め苦が鮮明に描かれている（図3－14）。

この、きつく縛られて、木の上から吊るされた男は一体いかなる罪を犯したのだろうか？

「ここは、他家の女性たちと性的関係を持った者が堕ちて苦しむ地獄である。獄卒が亡者の頭を下にし、足を上にして木にぶらさげ、下方から火を燃やして身体中を焼く。粉々に焼き上がると、再び生き返る。苦しさのあまり声を発しようとすると、口から火焔が入り、心臓や肺など内臓を焼き尽くす」（『往生要集』）

『往生要集』では忍苦処に堕ちる者を「他の婦女を取れる者（他人の妻と関係を持った者）」とやや曖昧に表現する。これは、現代に云う「不倫」を指すものと解釈されよう。

これに対して『正法念処経』巻六では次のように説く。


他の軍国を破りて婦女を得已《おわ》り、若《も》しは自ら行い、若しは自ら取り已りて他人に給与《あた》え、若しは道に依り、若しは道に依らずして行う。彼の人、是の悪業の因縁を以て、身壊れ命終りて悪処の合大地獄に堕ち、忍苦処に生れて大苦悩を受く。

同経では「戦争に勝利した者が、敗軍の女性たちを自ら強姦したり、仲間に与えて強姦させたりした者が、この別処に堕ちるのだ」という異なった視点から、その罪科を実に具体的に規定する。

戦場で実際にこうした悪行を犯そうとする戦士たちの姿を、たとえば鎌倉時代（十三世紀）制作のボストン美術館蔵「平治物語絵巻」三条殿夜討巻、南北朝時代（十四世紀）制作の東京国立博物館蔵「後三年合戦絵詞」巻中に見出すことができる。あるいは江戸時代（十七世紀）岩佐《いわさ》又兵衛《またべえ》が描いたMOA美術館蔵「山中常磐」「堀江物語」にもそうした暴力的場面が、又兵衛独特の執拗な筆致をもって、緻密に描写されている。地獄に忍苦処が設けられているにもかかわらず、戦場での性暴力は歴史上際限なく繰り返されてきた。

この地獄に堕ち罰を受けねばならない者は、今日に至るまで後を絶たない。

図3-14　衆合地獄
（『和字絵入往生要集』挿図）

口に溶銅を流し込まれる亡者

衆合地獄から一つ下層の叫喚地獄へと降りてみる。『往生要集』によると、この地獄の獄卒の首領は、身体が金色で、眼から火を出し、真っ赤な衣を着ている。手足が長く大きく、風のように走り、口より罵声を発して、亡者を恐れさせる。亡者たちは怯え、頭を下げて「お願いですから、慈悲心をもって、しばらくの間だけでも許してください」と、ひたすら乞い願う。しかし、こうした言葉を聞いても、獄卒の怒りはおさまらない。或る獄卒は、鉄棒で亡者の頭を叩いたり、熱く焼けた鉄の上を走らせたり、平鍋で亡者を炙《あぶ》ったりする。また、熱した釜に投げ入れて煎じたりする。また或る獄卒は、亡者を追い立てて猛焔の鉄の部屋に入れる。さらにまた或る獄卒は、鉄梃《かなてこ》を以て亡者の口を開き、そこに溶けた銅を流し込んで、五臓を焼き爛《ただ》れさせたりするという。

出光美術館蔵「十王地獄図」右幅下方に、これに該当する場面が見出される（図3－15）。そこには、溶かした銅を用意する獄卒と、それを無理矢理に口に流し込まれる亡者の姿が描かれている。溶銅の熱さが、この場面を観る私たちの身体にも、染み入るようだ。

『往生要集』は続けて、このとき亡者が発した言葉を記している――「どうして獄卒は慈悲心をお持ちでないのですか。どうして、かくも自分たちへの責め苦に熱心なのですか。私は哀れみをかけられても良い者です。どうして哀れんでくれないのでしょうか」と。

これに答えて、獄卒は語る――「お前は愛欲という煩悩に惑わされて、悪と不善の行為をなしたがゆえに、今その報いを受けているのだ。どうして、俺を恨むことがあろうか」と。

さらに獄卒は云う――「お前は、生前に煩悩と愚かさに惑わされて、悪行をなしてきただろう。そのときに、なぜ悔い改めなかったのだ。今になって後悔したとしても、もう間に合わない」と。

『往生要集』を撰述するにあたり、源信が参照した『正法念処経』巻七では、これに続けて閻魔王が次のように語ったと説かれる。

図3-15　十王地獄図（右幅・口に溶銅を流し込まれる亡者） 出光美術館蔵

已《すで》に悪業を造り竟《おわ》り、曾《かつ》て善を修行せずんば、是の如き悪業に焼かる、心に悪業を行う勿《なか》れ。悪業を行うの人は、処として安楽を得るなし。若し自らの楽を欲する者は、応当《まさ》に法を喜楽すべし。若し人、悪を喜楽せんに、苦中の苦を受く。もし苦を忍ぶ能《あた》わずんば、応に悪業を作《な》すべからず。

ここでは「地獄の苦しみに耐えられない者は、悪業をなしてはならない」と述べられている。しかし「後悔先に立たず」というべきか。人は善を行わずに、悪しき行為に走りがちだ。悪業に喜びを感じた者は、地獄の苦しみをまぬがれることはない。閻魔王の配下である獄卒たちは、仮借なく亡者をいたぶるが、それは理不尽な暴力ではなく、因果応報の理念に従った合理的な帰結なのである。それゆえに、亡者の声に対して、獄卒たちはまったく耳を貸そうとしない。自分勝手に理不尽に論理的な矛盾をきたしているのは、亡者自身であるのだから。

けれども、人は生涯にわたってただ一筋に論理的に生きることなど、実際にはできはしないと思われる。道徳心や社会規制、意識的な悪意と無意識の欲動……多方面からの心的な力のベクトルによって翻弄《ほんろう》されたり抑圧されたりしながら、私たちは日々とまどいながら暮らしているのではないだろうか。

因果応報の論理は確かに正しいが、私たちの心の在り方や長い人生を考慮すると、必ずしも、それのみに従っては生きることのできないのが定理であるように思われる。

舌を抜かれる亡者

「嘘をつくと、エンマ様に舌を抜かれるよ」——幼い頃に両親あるいは祖父母に、そのように云われた経験は、誰しも記憶の奥底にあるだろう。これは何に由来するのか？

そのルーツに当たるのが、大叫喚地獄の別処である受無辺苦《じゆむへんく》について説く『往生要集』の次の一節である——「この別処において、獄卒は熱鉄の金鋏《かねばさみ》をもって亡者の舌を抜き出す。抜き終わると、また舌が生じて、生じるとまた抜き出す。眼球を刳《く》りぬかれるのも、これと同じ。また刀をもってその身を削られる。その刀はカミソリのように鋭い。このような特別の責め苦を受けるのは、すべて嘘をついた報いなのである」と。

『正法念処経』巻九は、このとき獄卒は亡者に向けて次のように語りかけたという。

妄語《もうご》を言説する者は、これ地獄の因縁にして、因縁を前に已《すで》に作せしかば、唱喚《さけ》ぶも何ぞ益する所あらん。

妄語は第一の火にして、なお能《よ》く大海を焼く、況《いわ》んや妄語の人を焼くをや、なおし草木を焼くが如し。

そのように語りかけられたとしても、亡者はなにも答えない。なぜならば、彼はもはや舌を失い、しゃべることができないからだ。

図3-16　六道絵（右幅・舌を抜かれる亡者）極楽寺蔵

舌を抜かれるとは、象徴的な次元において、言葉を失うことにほかならない。文字の読み書きよりも言葉を語ることが情報伝達の第一の手段であった時代にあっては、それは自己と他者との意思疎通が不可能となることを意味しよう。言葉なき世界では、人は社会を築き、他者を認知し、対話において自己を確立することは困難だ。

あるいは、舌を抜かれることへの恐怖は、たとえば性器を奪われること（去勢《きょせい》）の恐怖と相同であるように思われる。去勢を回避するために、人は幼年期に心理的葛藤を経験し、そののちにようやく社会の一員となると、フロイトは説く。地獄において舌を抜かれること、換言すれば、去勢が実施されることによって、人は社会化することへの困難と直面せざるをえなくなる。エロスと言語は同じ位相にある。

そのように考えてみると、舌を抜かれることは、真実と虚偽との葛藤に由来するものではないように思われる。真偽の次元を超えて、問題はさらに大きく、それは人が人と交際をしつつ生きることの否定を意味する。「人間」であることの不可能性に開かれている。それがゆえに、舌を抜かれることに、人は根源的な不気味さを感じざるをえないのではあるまいか。さらにさかのぼると、思い出そうとしても思い出すことはできないが、私たちが生まれた直後、私たちの口唇《こうしん》や舌は母親の乳を吸うための器官であった。言葉を発するためのものではなかった。舌は人間が他者ひいては外界と接する、原初的な身体部位でもある。

兵庫・極楽寺蔵「六道絵」右幅に舌を抜かれる亡者の姿が描かれる（図3－16）。亡者の下方、血だまりのなかに多数散らばる「舌」は、あたかも「ペニス」のようなかたちで描かれているのが、たいへん興味深い。抜舌と去勢とはイメージとして同化している。心理的にはどちらも共に、他者との身体的精神的な接触の否定を象徴する刑罰と推察されるのである。

猛火に焼かれる亡者

私たちは、八大地獄のうち上から五番目の大叫喚地獄までめぐってきた。続いては六番目、焦熱地獄だ。ここは火焔の地獄である。

「焦熱地獄の火を、ほんの豆粒ばかりの少量を持ち出したとしても、それだけで私たち人間の住む世界は一瞬にして焼き尽くされてしまう。いわんや亡者の身体などは、芽を出したばかりの若草のごとく、柔らかく燃えやすい。長時間焼かれたら、ひとたまりもない。焦熱地獄に堕ちた亡者にとっては、等活地獄から大叫喚地獄の火焔などは、まるで霜や雪のように冷たい物として、その目に映ることだろう」（『往生要集』）

鎌倉時代（十三世紀）に制作されたかと推定される京都・北野天満宮蔵「北野天神縁起（承久本）」巻七には、獄卒によって追いかけられる亡者、棍棒によって打ちすえられる亡者の姿が描かれる（図3－17）。彼らが全身を火でくるまれているのが見て取れよう。

図3-17　北野天神縁起（巻七・猛火に焼かれる亡者）北野天満宮蔵

亡者の身体をつつむ猛火は、生前に彼や彼女が犯した罪の報いである。その意味で、火焔とは、彼や彼女が心のなかで抱いた種々の悪しき欲動が因果応報の法則にしたがい、かたちを変えて、ここ焦熱地獄においてその身を焼き尽くしているのだと読み解かれる。地獄の猛火は欲動の焔の象徴であり、欲動そのものが亡者を滅ぼすのである。この焦熱地獄には、生前に生き物を殺し、他人の物を盗み、性欲を抑えることをせず、飲酒にふけり、そして嘘をついたり間違った思想を信じたりした者が堕ちると云われる。

焦熱地獄には「分茶離迦《ぶんだりか》」と呼ばれる別処が付属する。

「ここに堕ちた亡者は、他の地獄の亡者が『早く、こちらに逃げてきなさいよ。こちらには白い蓮華の咲く池があります。飲み水もあります。林には涼しい陰もありますよ』と声を掛けるのを耳にする。それを聞いて走っていくと、道に落とし穴があり、穴の中では火が燃え盛っている。何度も穴に落ちながら、しかし、それでも亡者はのどの渇きが激しいので進んでいく。ようやく池に到着してみると、白い蓮華は高さ五百由旬の大火となって燃え上がり、亡者の身体をさらに焼き尽くす。焼け死んでも再び生き返り、また焼かれるというのを繰り返す」(『往生要集』)

生前に快楽を追い求めるがゆえに、食を絶って自殺して天に生まれようと欲した者、他人に間違った思想を信じ込ませようとした者が、分荼離迦に堕ちると説かれる。

現世の私たちの欲動は、地獄の火焔なる幻影へと変じられ、やがて私たち自身を滅ぼす。

大風に吹き飛ばされる亡者

焦熱地獄の下層に位置するのは大焦熱地獄である。ここも猛火の地獄であるが、加えて、大風が吹いて、亡者たちを翻弄するところとされる。あらゆる風のなかで、大焦熱地獄で吹く風がもっとも激しい。この地獄に堕ちるのは、先の焦熱地獄に堕ちる悪因に加えて、戒律を守っていた純潔の尼僧を犯すという罪をなした亡者である。

天保十四年(一八四三)刊行『和字絵入往生要集』の挿図を観てみよう(次頁・図3－18)。

第七大焦熱地獄の図

図3-18　大焦熱地獄（『和字絵入往生要集』挿図）

画面右側には大風によって吹き飛ばされた男女の亡者が、頭を下に足を上にして投げ出されている姿を見ることができる。見方によっては、大地震や津波のような自然災害の場面のように、それは見えなくもない。

自然の猛威がいかにすさまじいものであるのかは、私たちは身をもって知っている。けれども私たちは、自分の心のなかにそれと相同の強い欲動があることに普段は気がついていない。ここに吹く大風は、焦熱地獄の猛火と同じく、私たちの心の内にある激しい欲動の現れととらえるべきであろう。暴力あるいはエロスの欲動が、そのままのパワーを維持しつつ大風となり、私たち自身を翻弄し、苦しめているのである。言葉を換えるなら、荒ぶる自然を前にして、私たちは人間であることの傲慢《ごうまん》さ、うぬぼれ、自尊心、そういった様々な自己の内面の在り方を省みることが求められているのだ。

画面向かって左側上方に描かれているのは、大焦熱地獄の別処の一つ。『往生要集』に名は挙げられていないが、『正法念処経』巻十二に説かれる一切方焦熱処《いつさいほうしようねつしよ》であろう。ここは火の海で、針の穴ほども火焔の燃え盛らないところはない場所と云われる。火中の亡者は手を伸ばして上に逃げようとし、声を発して叫べども、助かるすべはまったくない。生前に、未だ尼僧になる前の在家信者の女性を犯した者が、堕ちるところとされる。清純なる者を穢した罪は、猛火をもって焼き尽くさねばならぬ。

画面向かって左側下方に描かれているのは、『往生要集』に説かれる普受一切苦悩《ふじゆいっさいくのう》、あるいは『正法念処経』巻十二では普受一切資生苦悩《ふじゆいっさいししょうくのう》と呼ばれる別処である。ここに住む獄卒は、亡者の肉体から皮だけを巧みに剝ぎ取る。肉身がさらけ出されたところで、亡者を焼き、そこに熱鉄を流しかける。それを無量億千年間、繰り返し続けると云う。死後にこのような責め苦を受けるのは、戒律を守っていた尼僧に酒を飲ませて犯したり、金品を与えることで誘惑した者である。経論にこのような罪科、そのための地獄について説かれているのは、現実世界にそれと似た行為をする者が実際に少なからずいたからに違いない。

エロスの欲動は、火焔と暴力によって贖《あがな》われる。あるいは火焔と暴力は、エロスの欲動が心の内にあるがゆえに、亡者の身体を責め苛《さいな》むのである。

落下する亡者

八大地獄のうち、いよいよ最下層にある阿鼻地獄へと至った。

ここは『往生要集』では地下二万五千由旬にあると説かれるが、先に示した『阿毘達磨大毘婆沙論』所説によれば、三万五千由旬に位置づけられる（一由旬は、先にも記したように約七キロメートル）。いずれにしても、圧倒的な遠方であることは間違いない。

この距離を、亡者たちは頭を下にして、足を上にされて、二千年もかかって落下してい

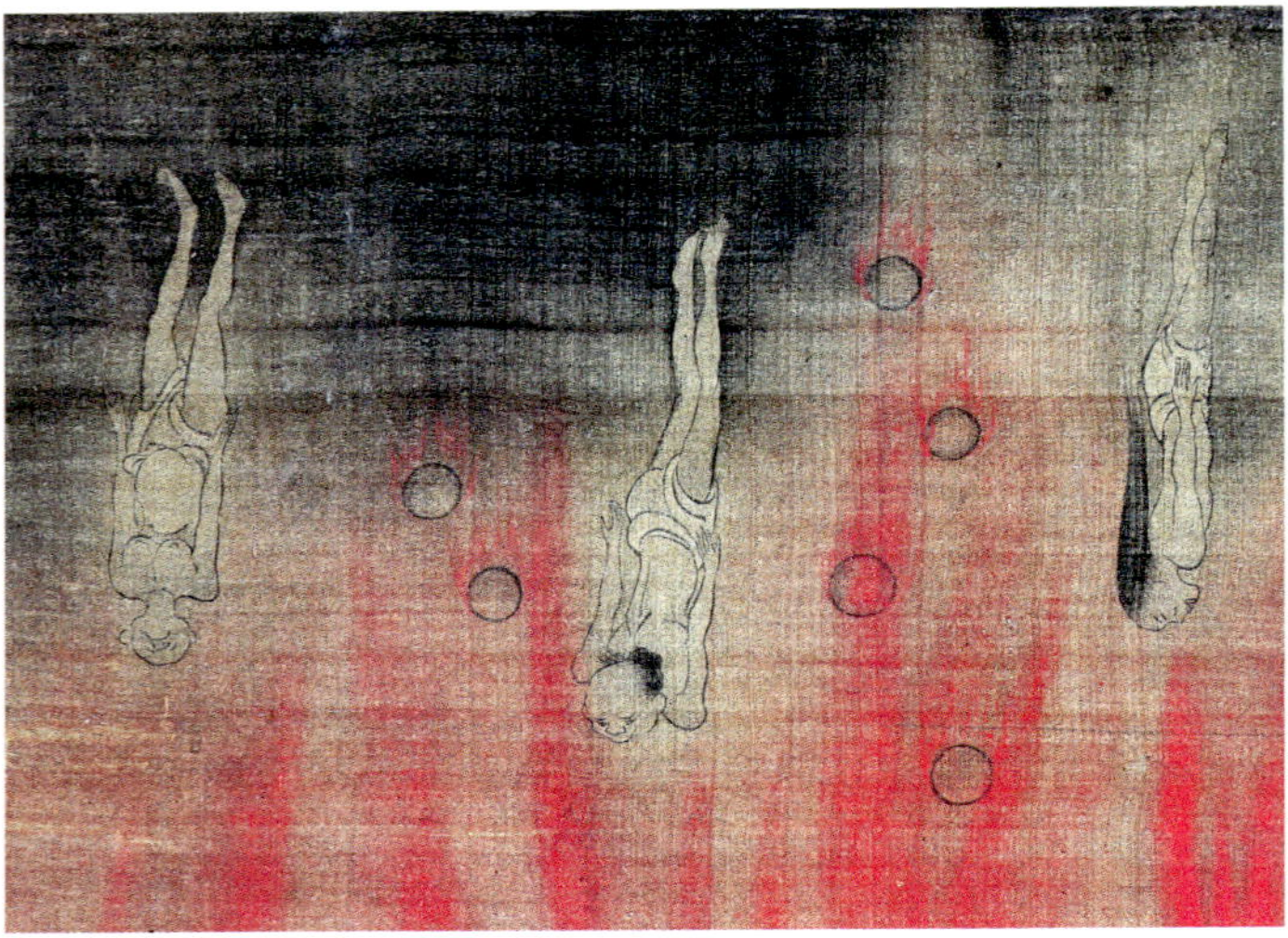

図3-19　六道絵（阿鼻地獄幅・落下する亡者）聖衆来迎寺蔵

くと『往生要集』は云う。あるいは『正法念処経』巻十三によれば、二千年を経ても未だ到達することはできないとも云われる。

　この記述に依拠して描かれた、長時間にわたり頭下足上の身にある彼らの姿が、聖衆来迎寺蔵「六道絵」阿鼻地獄幅の上方に見出される（図3-19）。同様の仕方で阿鼻地獄へと向かう者を描いた鎌倉時代（十三世紀）の遺品に、極楽寺蔵「六道絵」中幅がある。時代下って室町時代（十六世紀）作の奈良国立博物館蔵「矢田地蔵縁起」に描かれた血盆地獄の場面にも、それはある。

　しかし、他作品と比較したとき、やはり最もドラマティックに描写されているのは聖衆来迎寺蔵「六道絵」の本場面に違いない。ここに描かれているのは三人の亡者。一人は後頭部から背中をみせつつ落下する男、もう一人の男は顎から腹部をみせる。さらに、身体の側面をみせる女は長い髪を後ろになびかせることで、落下のスピード感を強調する。それぞれ身体の正面・背面・側面をみせる三者三様の姿勢《ポーズ》となっている点に、本図を描いた絵師の人体描写を得意とする技量《テクニック》が見てとれる。

高所から落下する人は、わが国仏教説話画の歴史においては、飛鳥時代（七世紀）作の法隆寺蔵「玉虫厨子絵」捨身飼虎図《しゃしんしこず》・施身聞偈図《せしんもんげず》をはじめとし、平安時代（十二世紀）以来多数制作された「法華経絵」観音菩薩による救済場面――崖から落ちたとしても、観音力によって安全に着地する――などで頻繁に描かれてきた。こうした作品と比較しても、聖衆来迎寺蔵「六道絵」の亡者たちこそが最も高い所からハイ・スピードで落下する者とみなされよう。

しかも、落ちていく時間は二千年間かあるいはそれ以上だ。その間、亡者たちは身体を支えることもできず、ただただ落下運動に身を委ねなければならない。いずれ到達する場所は地獄の最下層であることを思うなら、落ちていく間の亡者の不安と焦燥はいかばかりのものかと思われる。

すでに「鉄の縄を渡ろうとする亡者」のところで説明をしたように、落下運動とは単に身体的な苦痛であるばかりではない。現世における自身の立ち位置、それはすなわち、自己のアイデンティティであったり、人間関係であったり、社会的な地位であったりといったもの、いわば心理的な立脚点の喪失と没落とを象徴的に示している。たとえば「疑った瞬間、永遠に飛べなくなる」と言われるピーターパン、また宮崎駿監督「魔女の宅急便」にて成長する過程で一度は魔法の箒《ほうき》で飛べなくなるキキ、フェリーニ監督「8½」にて空を自由に飛び回っていた主人公グイドが足に縄をかけられて突然に地に引きずり下ろされてしまう印象的な冒頭のシーン……飛翔は魂の自由の象徴であり、墜落がその喪失であることは、日本の古い仏教説話画にかぎらず、近現代の物語を含めて古今東西共通のイメージであったことが思い起こされる。

ところで、聖衆来迎寺蔵「六道絵」阿鼻地獄幅には天空からの落下に加えて、もう一つ、地獄へと至る行程が描かれている。

それは火車の迎えである。これは一体何に依拠するイメージか？

次節にて述べるように、阿鼻地獄の四隅には「地獄の狗《いぬ》」がいる。火車は、この狗の口から発せられたものなのだ。すなわち、『観仏三昧海経』巻五によれば「父母を殺し六親を罵辱する者が命終わるとき、銅狗《どうく》の口から十八の車が迎えにくる。これは宝蓋《ほうがい》におおわれた金の車で、玉女を乗せている。心惹かれて亡者はこの車に乗り込むのだが、しばらくして玉女をかえりみると彼女は鉄斧をもって斬りかかってくる。車自体も火輪に包まれて、そのまま阿鼻地獄へと直行する」と説かれる。

また『大智度論』第十四には提婆《だいば》達多《だつた》が仏を中傷しようと王宮へと行こうとした途中に地面が自然に破裂し、火車が来たり迎えて彼を地獄へと運び去ったとある。ほかに『地蔵菩薩本願経』巻上にも「耕舌《こうぜつ》地獄《じごく》」などと並んで「鉄車《てつしゃ》地獄《じごく》」の名が記される。

こうした経典の記述を出発点として、わが国では火車のイメージは人々の心に深く浸透していったようだ。たとえば『平家物語』巻六「入道死去」では、生前に東大寺の大仏（毘《び》盧《る》舎那《しゃな》仏《ぶつ》）を焼いた平清盛が、その罪ゆえに火車来迎を受けるといった夢告を清盛妻の時子がみたと語られる。火車来迎の説話は『今昔物語集』『宇治拾遺物語』『宝物集《ほうぶつしゅう》』『発心集』『私聚百因縁集《しじゅひゃくいんねんしゅう》』など中世仏教説話集に散見される。

絵画遺品中には、東京国立博物館蔵「地獄草紙模本」にそれは見出される。ここに描かれているのは男女計十一人もの罪人を乗せた大きな火車。前後二人ずつ計四人の牛頭馬頭《ごずめず》が車を動かし、さらにその背後から数名の獄卒達がつきしたがう。ほかに禅林寺蔵「十界図」阿弥陀幅、極楽寺蔵「六道絵」、当麻寺奥院蔵「十界図屏風」、出光美術館蔵「六道絵」第二幅、奈良国立博物館蔵「矢田地蔵縁起」にも、それは描かれている。街灯が明るく輝く街路を安全に行き来する現代と異なり、古くは夜の闇は不気味で危険なものと認

図3-20　六道絵（阿鼻地獄幅・火車） 聖衆来迎寺蔵

識されていた。ゆえに、その闇のなかに妖《あや》しく浮かび上がる燃える車のイメージは鮮烈に人々の恐怖心を煽《あお》り、多数の絵画に描き継がれたものと想われる。

聖衆来迎寺蔵「六道絵」阿鼻地獄幅に描かれる火車には、火焔につつまれた荷台上に、裸で無髪の男が一人乗っている（図3－20）。彼が何者かは知られぬが、大罪を犯した者であるに違いない。迅速に現世から地獄へと連行されたことが、車軸の回転を渦巻き状の線描で表現していることからうかがわれる。こうした回転描写は「信貴山《しぎさん》縁起絵巻」縁起加持巻の護法童子の足元にある輪宝にもみられる伝統的な絵画技法である。火車の横を鉄札をもった獄卒が伴走する。先述の平時子がみた夢の中では車の前に立てられた鉄札に「無」字が記されていた。これは清盛が無間（阿鼻）地獄へと堕ちることを意味したという。本幅に描かれた札にそうした文字はみえないが、火車は今まさに阿鼻地獄の門をくぐろうとしている。画面向かって右下方には二人の獄卒が控えており、また扉はすでに開けられて、そこから滲《にじ》み出した黒煙と紅蓮の炎のなかでは緑肌の獄卒が今や遅しと火車を迎え入れようと身を乗り出す。

天空からの落下と同じく、何処へと連れて行かれるのか分からぬまま車に乗せられて走り出すことも、乗車した者にとっては不安と焦燥を煽るものであったに違いない。

それは云うなれば、自分の人生あるいは来世を、自らの意志で決定できない状況に置かれることを象徴している。火車は、それに乗せられた当人の思いなど一顧だにせず、ひたすら地獄へと向かって疾走するのである。

地獄の狗と蛇

「阿鼻地獄は、七重の鉄の城と七層からなる鉄の網で囲まれる。下には十八の壁があり、その周囲には刀の林が巡っている。城の四隅に四匹の銅の狗がいる。その狗の大きさは四十由旬なり。眼は電《いなずま》のごとく、牙は剣のごとく、歯は刀の山のごとく、舌は鉄の刺《とげ》のごとし。身体中の毛孔より火焔を発し、その煙の悪臭は人間世界には例えるものなし」(『往生要集』)

墜落の果てに到達した阿鼻地獄が、閉鎖的でおぞましい空間であることが読み取れる。

聖衆来迎寺蔵「六道絵」阿鼻地獄幅には、大きな狗が描かれている(図3-21)。これは阿鼻地獄以外の城壁には見出せなかったので、まずこの狗に注目してみよう。

目玉が飛び出さんばかりに目を大きく見開き、その上には太い眉毛のある顔は、狗というよりも獅子を想

図3-21　六道絵(阿鼻地獄幅・狗)
聖衆来迎寺蔵

わせる。その口を起点とする三本線で背後の朱色の火焔を分断することで、罪人を威嚇する咆哮《ほうこう》と耐え難い口臭とを表現している。獅子や狗の口から発せられた大声と吐息を線描をもって視覚的に表した例として、京都・高山寺蔵「鳥獣人物戯画」乙巻、宮内庁三の丸尚蔵館蔵「春日権現験記絵」巻八などがある。談山神社蔵「金字法華経宝塔曼荼羅」第一幅あるいは京都・北野天満宮蔵「北野天神縁起絵(承久本)」巻八においても阿鼻地獄の狗の口から、これと同様の線状の火焔が発せられている。

地獄に狗がいるとの発想は、仏教にのみ限られたものではない。そもそも古くはインド

神話にて死者の国の王ヤマが目が四つある二頭の犬を飼っていたとされるし、あるいはギリシャ神話には冥府の門の番犬としてケルベロスが登場する。地獄（死）と狗（犬）とはなにやら関連が深いようだが、その背景にはなにがあるのか？

日本の古代中世に絞って考えてみると、たとえば墓場を舞台とする東京国立博物館蔵「餓鬼草紙」第四段「疾行餓鬼《しっこうがき》」の背景には、犬がいる。この犬は地下に埋葬されることなく地面に放置された死体を喰らおうとしているのだ。同様の墓場に生息する犬の姿は、女性の死体が腐乱していく姿を時の経過に沿って描いた「九相図」と称される絵画にもしばしば描かれる（山本聡美・西山美香編『九相図資料集成』）。こうした絵画作例から、犬は墓場の「清掃」係としての役割を担った動物であり、死体を喰らうことから穢れに対する恐怖心を人々にイメージさせる動物だったことが推察されている（黒田日出男『姿としぐさの中世史』）。犬が生死を隔てる地獄の門番として描かれるのは、当時の現実社会において、犬が「死」を象徴する不浄の生き物とみなされていたからだと考えられる。

阿鼻地獄の狗は『往生要集』の文言を前提としつつ、同時に右のような現実の犬の姿を重ね合わせながら、地獄絵の鑑賞者たちから畏怖の「まなざし」を向けられる生き物であったに違いない。

狗に続いて、阿鼻地獄に登場するのは蛇である。

図3-22　六道絵（阿鼻地獄幅・蛇）
聖衆来迎寺蔵

「地獄の四門の上には八十の釜がある。そこから煮えたぎった銅が涌き出でて、城内をいっぱいにする。壁と壁との間には、八万四千の鉄のうわばみや大蛇がいる。毒を吐き、火を吐いて、城内にたむろしている。その蛇の口から発せられる声は百千の雷が落ちてきたようであり、大きな鉄の塊を落下させて、また城内をいっぱいにする。五百億の虫がいて、八万四千もの嘴《くちばし》からは、火焔が流れ出し、雨のごとくに火花を散らす。この虫が下りてくると、地獄の火焔はますます盛んになり、八万四千由旬もの世界が明るくなる。八万億千の苦しみのなかでも最も苦しいのは、ここ阿鼻地獄である」（『往生要集』）

聖衆来迎寺蔵「六道絵」阿鼻地獄幅にては、狗のすぐ下に尖った剣先を付けた壁、獄門の横に煮えたぎる釜が二つ、そして、そのあいだに大蛇が描かれる（図3－22）。ただし、よく見ると、側頭部に耳があるので、これは蛇というより「龍」と称すべきかもしれない。

剣先の付く塀と蛇との組み合わせは、中国・南宋時代（十三世紀）制作の大阪・弘川寺蔵「十王経変相図」や奈良国立博物館蔵の陸仲淵筆「十王図」太山王幅など、大陸で制作された絵画にも見出される。また朝鮮時代（十四世紀）作の半島仏画である知恩院蔵「地蔵菩薩本願経変相図」でも、地獄のそこかしこに蛇が這う。狗と同様に蛇もまた、「死」と結びつく象徴的な生き物であることは、世界の神話に共通する。

わが国の絵画において阿鼻地獄に大蛇（または龍）が描かれた遺品として京都・北野天満宮蔵「北野天神縁起（承久本）」巻八、京都・禅林寺蔵「十界図」地蔵幅、兵庫・極楽寺蔵「六道絵」中幅、大阪・水尾弥勒堂蔵「六道十王図」左幅などがある。聖衆来迎寺蔵「六道絵」では大蛇（龍）は釜の近くで首を持ち上げるのみだが、これらの作品においては積極的に罪人を責め苛んでいる。また『往生要集』に説かれる嘴のある虫やそれ以外の異形獣などを、その周囲に描き添える作品も少なくない。

獄卒は恐ろしいとはいえ、それでも時には亡者たちに話しかけてくれた。狗や蛇あるいは虫などとは言葉を交わすことは不可能だ。まったく意思疎通ができない動物に、なされるがまま身体的な苦痛を負わされること、それは精神的にも救いのない追い詰められた状況である。

阿鼻地獄の別処の一つに十一焰処《じゅういちえんしょ》がある。『往生要集』には記述はないが、『正法念処経』巻十五がこれについて述べる。同経によると、十一焰処にはそこかしこに鉄棒をもった獄卒と悪毒の蛇がいるとされる。地獄の火に焼かれ、蛇の毒にやられ、亡者は叫び泣き走り、

逃げ惑う。
原本は平安時代（十二世紀）に制作されたが、現在は江戸時代（十八世紀）にそれを写した絵のみが伝わる東京国立博物館蔵「地獄草紙模本」に、その場面が描かれる（図3－23）。
蛇の大群がおしよせて、逃げ惑う裸の亡者たち。まず私たちは、追いかけられる亡者たちの恐怖に気持ちを同調させることだろう。しかし、想像力が豊かな人であるならば、追いかける蛇に自己投影することができるかもしれない。
それは、云うまでもなく、蛇とは「男性シンボリック」な性的欲動の象徴ともみなし得るからである。逃げ惑う大勢の亡者のなかで、ひときわ目立つのは黒髪の女たちの姿だ。

＊　＊　＊

図3-23　地獄草紙模本（十一焰処）東京国立博物館蔵

以上、本章で取り上げた場面の数々を振り返ってみよう。

八大地獄のうち、第一の等活地獄から最後の阿鼻地獄に至るまで、地獄の風景はいたるところ私たちの心のうちで抑圧された欲動が変容し具現化されたものであったことが、今あらためて想起される。

第四章　閻魔王の裁き

閻魔とは誰か

前章で主に参照した『往生要集』には八大地獄についての詳細な記述があるものの、閻魔について説くところはきわめて少ない。では、地獄の総帥と目される「閻魔」とは一体何者なのだろう? まずは、その出自を追ってみることにしたい。

そもそも閻魔とは、サンスクリット語のヤマ(yama)神を音訳したもの。インドで長らく口伝で受け継がれ、のちに文字の発達とともに書き記されたヴェーダ神話に由来する、とても古い神である。

神話において、ヤマは最初の人間であり、それゆえ最初の死者となり、その後に続く者たちのために行くべき道と場所を見つけ、死者たちの王となった者と云われる。初期のヴェーダ文献によれば、ヤマは必ずしも地獄の裁きの王ではなかったが、他界に至った人間の善悪の行為を判定する役割を担う者として、次第にそのイメージが変容されるに至った。この変化の背景には、インドよりもさらに西方のチグリス・ユーフラテス河流域に紀元前三千年頃に栄えたシュメール人たちの文化において地獄の思想があり、それがインドの宗教に影響を及ぼしたからだと考えられている(岩本裕『地獄めぐりの文学』)。

こうした死を司る王としてのヤマの性格が、仏教の閻魔に受け継がれた。『長阿含経』巻十九「世記経地獄品第四」などをはじめ、あるいは『法苑珠林』巻七引用『問地獄経』や『浄度三昧経』などインド起源ではなく中国で作られた経典にも、地獄の統括者としての閻魔王についての言及がある（小南一郎「『十王經』の形成と隋唐の民衆信仰」）。

また、仏教ではもう一つ、別の性格が閻魔に対して付与された。それは、仏法を守る役割である。

閻魔はとくに東西南北の四方のうち南方の守護神として、十二天の一人に加えられた。『大日経』巻一「具縁品」や『大日経疏』巻五において、閻魔は水牛の上に座し、手には壇《だん》拏印《だいん》（先端に人頭の付いた杖、人頭杖《にんとうじょう》とも称される）を執ると説かれる。

平安初期（九世紀）空海が中国から日本へと伝えた両界曼荼羅は、密教の根本思想を視覚的に表現したもの。我が国ではその後も長く描き継がれたが、この絵のなかの多数の仏たちの一員として、閻魔の姿を見出すことができる（図4－1）。この穏やかな表情をした像を指して「閻魔王」ではなく「閻魔天」という呼称を、密教では用いた。

図4-1　両界曼荼羅（胎蔵界・閻魔天）教王護国寺蔵

永延三年（九八九）二月、円融法皇が、夢見が悪かったことから、閻魔天に対して祈りを捧げるべしとの命令を下した。これが、閻魔天を本尊として奉る密教儀礼「閻魔天供《えんまてんく》」の最初の事例である。後述するように、すでに平安初期には地獄の統括者としての閻魔王の存在も知られていたのだが、この時代に閻魔天は災いを除き、病気を治し、寿命を延ばすなど、現世利益《げんぜりやく》的な願いを叶えてくれる尊格として一般には広く認識されていた。

平安中期（十一世紀）以降になると、中国の道教に起源を持ち、除病延命をつかさどる太《たい》山府君《さんふくん》を祀る陰陽道の儀礼「太山府君祭」とともに、閻魔天供は頻繁に修されるようになった（速水侑『平安貴族社会と仏教』）。

鳥羽天皇の中宮であった待賢門院《たいけんもんいん》（藤原璋子《しょうし》）は多産な女性で、天治元年（一一二四）から大治四年（一一二九）の間に五人もの子を出産しているが、そのたびごとに安産を祈願し、閻魔天供を行っている。『醍醐雑事記《だいごぞうじき》』巻一所収の上醍醐薬師堂に関する記事のなかに「閻魔天像一体、待賢門院御仏也」と記されている像も、この時期いずれかの出産の機会に造像されたものとされている。現在、京都・醍醐寺に伝わる木造の「閻魔天像」が、この待賢門院による安産祈願の像である可能性が指摘されている（伊東史朗「醍醐寺炎魔天坐像と瞳嵌入」）。

同じく醍醐寺には画像の「閻魔天像」も所蔵されている（図4－2）。待賢門院御願の木像よりもやや遅れる時期の制作と推察される。先端に人頭が付いた杖を持ち、水牛の上に座

図4-2　閻魔天像 醍醐寺蔵

しているのは、両界曼荼羅のなかに描かれた尊像と同じ。どちらも柔和な顔立ちをした菩薩の姿であり、地獄の統括者としての閻魔王とはほど遠いイメージだ。平安時代全般を通じて、密教儀礼の場において「閻魔」と云えば、むしろこのような優しい姿が人々には想像されていたのだろう。

閻魔天から閻魔王へ

平安初期（九世紀）に編纂された『日本霊異記』に、地獄堕ちの説話が収録されていることについては、前章で指摘した。同書全百十六話のなか、地獄について語るのは十九話。そのうちの十三話に閻魔王が登場する。地獄の総師としての閻魔王という存在については、密教の祈禱とは別の次元にある、巷《ちまた》に流布した説話において古くから関心が持たれていたことが知られる。

たとえば、七頭の牛を殺した罪で地獄に堕ちた摂津国東生《せっつのくにひがしなり》の撫凹村《なでくぼむら》の男に対して、彼がそれ以上に数多くの生き物の命を救っていることを知った閻魔王は、この男に無罪を宣告したという（同書巻中第五「漢神《からがみ》の祟りに依りて、牛を殺して祭り、又放生《ほうじょう》の善を修して、現に善悪の報を得し縁」）。ここでは、閻魔王は歴然と裁判官の役割を演じていることがわかる。ただし、その姿形がいかなるものであったかについて『日本霊異記』にはなにも語られていない。同書の他の説話を総覧してみても、その具体的なイメージはまったく説くところがない。

平安後期（十二世紀）に編纂された『今昔物語集』でも同じである。同書には閻魔王の裁きの場について「その中には立派な建物が並んでいて、見れば、検非違使庁に似ている。そこにはたくさんの役人がいて、庭に居並んでおり、多くの亡者を召し集めて、彼らの罪の軽重を定めていた」（同書巻十七第十八「備中国の僧阿清、地蔵の助けによりてよみがえりを得たる語」）「多くの検非違使や役人たちが東西に順序よく並んでいる」（同書同巻第二十二「賀茂盛孝、地蔵の助けに依りてよみがえりを得たる語」）といったように、閻魔王庁の様子を、当時の軍事・警察を所轄した検非違使庁に譬える見識があったことがうかがえる。しかし、閻魔王の姿形については具体的な記述は見当たらない。

平安時代の我が国においては、その存在については既に知られていても、未だ裁判官としての閻魔王のイメージは、実体的な想像の及ぶものではなかったことがうかがえよう（中野玄三『六道絵の研究』)。

ところが、日本を離れて大陸に目を向けてみると、事情は異なる。中国・唐時代後半(八~九世紀)には仏教と道教的な民衆信仰とが混交し、『仏説閻羅王授記四衆逆修生七往生浄土経《ぶっせつえんらおうじゅきししゅぎゃくしゅうしょうしちおうじょうじょうどきょう》』という経典が成立しているのだ。同経には人の死後七日ごと四十九日間、そして一年後、三年後に閻魔王を含む地獄の十人の王たちによる裁きがなされること、その刑罰が軽くなることを願って遺族は供養を行うべきことなどが説かれている(この十人の王〈十王《じゅうおう》〉については後述する)。中国・五代時代(十世紀)制作の和泉市久保惣記念美術館蔵「十王経図巻」には、王たちの姿がはっきりと描かれており、そこに閻魔王も含まれている。同種の絵画遺品は、大英図書館ほかにも所蔵されている。このことから、すでにこの時期に大陸においては、裁判官としての閻魔王が具象化され、明確なイメージを獲得していたことが知られるのである。

未だ日本では閻魔天の穏やかなイメージが主流であった九~十二世紀頃、大陸ではすでに閻魔王の威嚇的な姿形が明確化されていた。すると、この二つの尊格は我が国において、いつどのように結びつき、一つのイメージを形成するに至ったのだろうか?

保延六年(一一四〇)十二月、鳥羽上皇は自身が造営した鳥羽離宮内に「焔魔堂」と称する堂舎を建立した。『覚禅鈔《かくぜんしょう》』巻一一八「焔魔天法」ほかの史料により、建立の目的は鳥羽上皇の延命長寿の祈願であったことが知られる。すなわち、それは先に述べた閻魔天供と同じである。堂の本尊は閻魔天像。その像容について、「かの琰魔王像は愛染王のごとし」と『白宝口抄《はくほうこうしょう》』巻一二六「焔魔天法上」に記されているのが、興味深い。あるいは同書には、閻魔天と愛染明王とは同じ尊格であり、閻魔天の形像は恐ろしげな夜叉《やしゃ》（鬼）で、水牛に乗り、右手に人頭の付いた杖、左手に日輪を持つとも説かれる。愛染明王は、よく知られるように不動明王などと同じく、怒りの表情（忿怒相《ふんぬそう》）を示す。つまり、この鳥羽焔魔堂の本尊は、前節で挙げた両界曼荼羅や醍醐寺蔵「閻魔天像」のような柔和な表情ではなかったと推察されるのである（山本聡美「鳥羽炎魔天堂の場と造形」）。

この鳥羽焔魔堂の伝統を継承し、貞永二年（一二三三）十月に後白河上皇の皇女・宣陽門《せんようもん》院《いん》（覲子《きんし》内親王）の発願で建立されたのが、醍醐寺焔魔堂である。この堂舎には快慶《かいけい》と湛慶《たんけい》が造った仏像が数多く奉られていた。なかでも注目すべきは、本尊の閻魔天像が鳥羽焔魔堂と同じく忿怒相であったらしいこと。さらに、堂の壁面には、地獄堕ちの説話や地獄からの蘇生譚が描かれていた。すなわち、醍醐寺焔魔堂は本尊と壁画の主題とが結びつき、冥界のありさまを造形化したものであった。このことから、醍醐寺焔魔堂は現世利益的な延命長寿のみならず、来世における死後の救済も祈願されていたことがうかがわれる。その思想のバックグラウンドには、宣陽門院が篤く帰依した醍醐寺僧・成賢《せいけん》がいた。彼は祈禱を得意とする真言僧でありながら、極楽浄土信仰も有していた。成賢が練りあげたところの、現世での罪を懺悔《ざんげ》し、地獄堕ちをまぬがれ、極楽へと往生を遂げたいとする祈願が、醍醐寺焔魔堂には込められていたと推察されている（阿部美香「醍醐寺焔魔王堂再考」）。

残念ながら、鳥羽焔魔堂も醍醐寺焔魔堂も今は失われてしまっていて、その空間やそこに奉られた仏像を観ることができない。しかし、それを想像するのに足る有益な作品がある。それは、鎌倉時代（十三世紀半ば）作の京都国立博物館蔵「閻魔天曼荼羅」だ（図4－3）。

本図の中央を観てみよう。ここには水牛に乗り、人頭の付いた杖をもつ像が描かれている。この点では、先に観た両界曼荼羅や醍醐寺蔵「閻魔天像」と同じだ。けれども、異なるのはその面立ちと着衣である。先述の作品が柔和な菩薩形であったのに対して、本像は顔に髭《ひげ》を蓄え、身体に甲冑《かっちゅう》を着る異形の姿となっている。これは、我が国伝統の密教的な閻魔天から、大陸で創案された裁きの主体である閻魔王へと変化する、過渡的なイメージとみなされるであろう。

図4-3　閻魔天曼荼羅（閻魔天）
京都国立博物館蔵

大陸生まれの十王図は、平安末期（十二世紀）平清盛が行った日宋貿易によって、日本に大量にもたらされた。さらに鎌倉時代（十三世紀）には浄土宗の僧侶がその流布に積極的な役割を果たした。寧波《ニンポー》――中国の港町で浄土信仰が盛んであった土地――にて制作された十王図が、日本各地に流布し、現在まで数多く伝えられている（梶谷亮治「日本における十王図の成立と展開」）。

我が国古代の人々が信仰した閻魔天から、私たち現代人にとっても馴染み深い閻魔王への変化は、こうした過程を経て歴史的に達成されたものなのである。

閻魔王と五官

鎌倉時代（十三世紀後半）制作の聖衆来迎寺蔵「六道絵」閻魔王庁幅に、我が国における閻魔王の完成された姿形を観ることができる（図4－4）。

中央に大きく描かれた閻魔王は「王」と記された冠を被る。赤ら顔で髭を蓄え、目を怒らし口を開き、観る者を威嚇する。右手に笏《しゃく》を持ち、左手は強く握りしめている。図版では分かりづらいが、目を凝らすと、着衣には金泥で龍と雲気の文様が施されているのが看取される。豪華な装いから、高い身分であることが知られる。目前には赤い文机《ふづくえ》。その机上には向かって右より閉じた巻子《かんす》が二巻、開かれた巻物一巻、台に立てかけられた筆が二本、硯《すずり》と墨それから鳳凰形の金製文鎮が並べ置かれている。開かれた巻物には墨で判決が

図4-4　六道絵（閻魔王庁幅・閻魔王と五官）聖衆来迎寺蔵

したためられているようだが、それは読めない。読めないがゆえに、かえってどんな内容か、観る者の関心さらには恐怖心をそそる。

こうした閻魔王の姿形や細部モチーフは、基本的に大陸からもたらされた十王図から図様を写したものである。しかし一点、大陸の作品とは大いに異なるところが本図にはある。それは、閻魔王の姿を真正面からとらえている点だ。

南宋〜元時代（十二〜十四世紀）に大陸で制作された十王図は、閻魔王を含む十人の王たちをいずれも斜め向きに描いており、正面構図は現存遺品に見当たらない。本幅を描いた我が国の絵師は、大陸から輸入された絵画から得られた図様の知識をもとにしつつ、それを正面構図に組み替えることで、独自性を発揮しようとしたと推察される。ゆえに、正面から描かれた閻魔王の姿は、説話の登場人物の一人であるというよりむしろ、礼拝のための本尊としての威厳をみせつける。

そもそも閻魔天を本尊に据えて供養することは、前節で述べたように鳥羽焔魔堂や醍醐寺焔魔堂などの先例があった。閻魔天に代わる閻魔王の登場をもって、それを本尊に据えた儀礼が鎌倉時代以降にはなされたことであろう。だとしたなら、その本尊は正面構図がふさわしい。儀礼に参列した者は、閻魔王と直接的に対面しているような心持ちを抱くことができるからだ。

ただし、注意すべきことがある。

礼拝供養の場に於いて、私たちが閻魔王の姿を目にしているのではない。そうではなくて、閻魔王が私たちの姿をみつめていると感じるべきなのだ。

本図に向かい合ったとき、絵の鑑賞者である私たち（衆生）は「見る者」ではなく、閻魔王のまなざしのもとに「見られる者（裁かれる者）」と位置づけられることになる。威風堂々たる正面構図の閻魔王が私たちを見下ろしている。私たちはそのまなざしを畏怖し、自らのこれまでの人生を反省し、いずれ地獄へと堕ちるかもしれぬ運命にあることを自覚する。そして、画中の閻魔王に対して深く頭を下げて、礼拝供養するのである。閻魔王の視線は鋭く厳しく、仮借ない裁きの場へと鑑賞者を否応なく引きずり込む効果を発揮している。

あらためて、閻魔王庁を描く聖衆来迎寺蔵「六道絵」を観てみよう（図4―4）。この場面では、閻魔王の周囲に五人の冥官が描かれている。

この五官には「善行を賞する五官」と「罪を罰する五官」とがいると『浄度三昧経』に説かれる。同経によれば「罪を罰する五官」として、仙官（殺生をやめさせる）、水官（偸盗をやめさせる）、鉄官（邪淫をやめさせる）、土官（虚言をやめさせる）、天官（飲酒をやめさせる）の五人の名を挙げている。また『仏説灌頂抜除過罪生死得度経《ぶっせつかんじょうばつじょかざいしょうじとくどきょう》』巻十二によれば、善行と悪業の五官は人の生死の運命を定め、その結論を閻魔に奏上する立場の者であるが、ときには人の魂だけを呼び寄せておいて、すぐに是非を判断しないことがあると云う。このため、人は意識不明の危篤状態のまま、命を長らえたりすることがあると説かれる（小南一郎「『十王經』の形成と隋唐の民衆信仰」）。

『浄度三昧経』も『仏説灌頂抜除過罪生死得度経』も中国で作られた経典である。そこで、より古いインドにさかのぼる文献に五官王のルーツを探ると、『中阿含経』巻十二「五天使経」に登場する五天使が挙げられよう。五天使とは、閻魔王の使者として冥界からこの世に遣わされ、彼らからの報告を受けて、閻魔王は亡者をいかなる地獄へ堕とすか判決を下すと云われる。五天使とは、実は生・老・病・死・王罰を司る者たちのことであるとされる（長尾佳代子「漢訳仏典における『倶生神』の解釈」）。

いずれにせよ、五官は閻魔王と衆生の中間にあって、人の善悪を計測し記録文書に残し、それをもとに閻魔王に裁可を進言する役割を担う者たちであったことが知られる。

このように、閻魔王庁とは文書行政組織であり、かつ厳格な官僚機構をもつものとして経典にて定義づけられていた。それをもとに、閻魔王を中心にして五人の官人が日々忙しく仕事をこなす様子が、本図には描かれている。現代のお役所や会社の執務室と、それはどこか似ていなくもない。

司命と司録

組織としての閻魔王庁においては、五官以外にも多くの者たちが忙しく働く。そうしたなか、司命《しみょう》と司録《しろく》も重要な役職として注目される。

『仏説地蔵菩薩発心因縁十王経』は、釈迦がいつまでも自らの罪を反省しない衆生のために、地獄の苦しみについて説くという構成をとる。その巻頭近く、釈迦の説法を聴くために「閻魔王、十大王、獄司侯官、司命令神《しみょうりょうじん》、司録記神《しろくきしん》、閻魔使者、羅刹婆《らせつば》、そのほか無数の鬼神やこの世のものとは異なる生き物が、にわかに姿をあらわし、合掌しながら仏に向かった」とある。ここに登場する司命令神と司録記神は、いわば書記官といった立場にある者である。彼らは、聖衆来迎寺蔵「六道絵」閻魔王庁幅では閻魔王の手前に控えている。

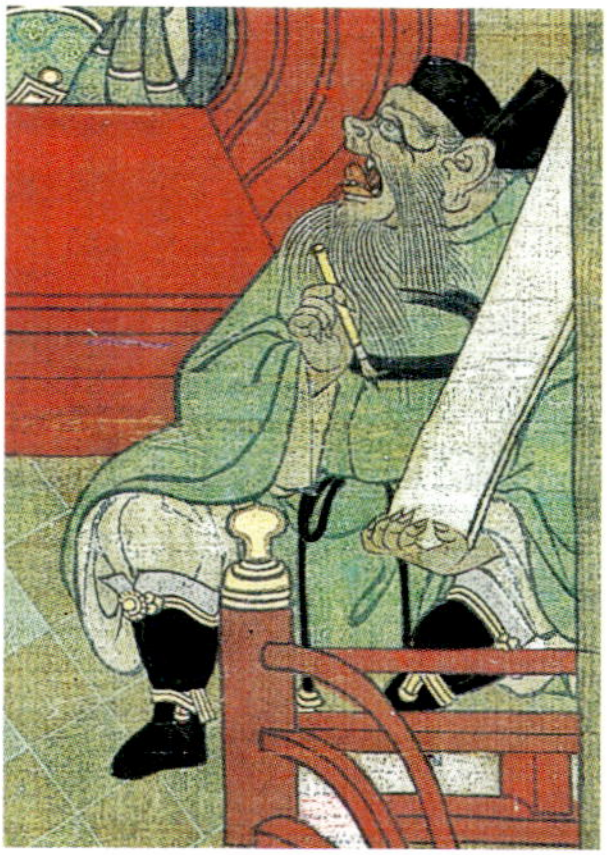

図4-5　六道絵（閻魔王庁幅・司命）聖衆来迎寺蔵

図4-6　六道絵（閻魔王庁幅・司録）聖衆来迎寺蔵

向かって右方にて肩に札板をのせ、閻魔王を仰ぎみるのが司命（図4－5）、左方にて右手に筆、左手に巻子を持ち、裁きの場を見下ろすのが司録だ（図4－6）。

閻魔天から閻魔王への変遷について述べるなかで既に言及したように、平安時代には未だ閻魔王の図像は我が国では流布せず、むしろ閻魔天がよく知られていた。その閻魔天を中心に据えた曼荼羅にも司命・司録が早くから描かれていた。この二者はどうも古くから広く人気があったようで、現存遺品では平安後期（十二世紀）制作のフリーア美術館蔵「閻魔天曼荼羅」をはじめ鎌倉時代（十三～十四世紀）制作の大阪・個人蔵本や神奈川・称名寺本などに登場し、また、先に中尊・閻魔天の図版を掲げた京都国立博物館蔵「閻魔天曼荼羅」にも、全図の中にその姿を見出すことができる。

密教の曼荼羅とは別に、浄土教の仏画では聖衆来迎寺蔵「六道絵」と同様、閻魔王を中心に据えた遺品に大阪・長泉寺蔵「閻魔王図」があり、本図にも司命と司録が描かれている。さらに奈良・能満院蔵「地蔵十王図」では、地蔵菩薩を中心として、周囲に閻魔王を含む十王が居並ぶが、その画面一番手前に司命と司録は控えている。

あるいは京都・宝積寺《ほうしゃくじ》や奈良・白毫寺《びゃくごうじ》などには彫刻作品として、閻魔王像と居並ぶかたちで、司命像と司録像が遺っている。これら彫像は、姿勢や視線の方向など、聖衆来迎寺蔵「六道絵」中の姿形と近似している。

平安後期（十二世紀）大江匡房《おおえのまさふさ》の談話を藤原実兼《さねかね》が筆録した『江談抄《ごうだんしょう》』には、次のような笑話が収録されている。

或る男は前世の因縁により貧乏であった。それを憐れんだ司命と司録が語り合い、未だ生まれていない車子《しゃし》なる人物の福の種子を、彼が生まれるまでの間、この貧乏な男に貸し与えることにした。これによって、男は富を築くことができた。何年かを経てのち、男は自分が得た福徳を生まれてくる車子なる者に返すことが惜しくて仕方なくなった。そこで財産を丸抱えにして、異国へと逃げ出したのだった。異国への旅の途中、従者の女が赤子を産んだ。男は何気なく、その女に赤子の名前を問うた。すると「車に財宝を積んでの旅の途中で生まれた子ですので、車子と名づけようと思います」との返事。男は「あぁ、自分の貯めた財産は、いずれこの子のものになるに違いない」と落胆して逃げ出した（同書巻六「張車子の富は文選《もんぜん》の『思玄賦《しげんのふ》』を見るべき事」）。

我が国古代〜中世の人々にとって、閻魔王の裁きは恐ろしいが、王に仕える司命と司録は福徳を融通してくれる者とさえ思われていたことがうかがわれる。

絵画であれ彫刻であれ、造形化された司命と司録は、私たち衆生の身近にいる存在として、どことなく親しみやすいイメージがあるように感じられる。神聖なる閻魔王とは違い、その傍らに仕える者として、言い換えるなら、社長ではなく、組織のなかの中間管理職のような立場であることが、彼らの親近性の理由であるのだろう。

倶生神

地獄には現世へ出張する官吏もいる。それが倶生神《ぐしょうじん》（同生神《どうしょうじん》と同名神《どうみょうしん》）だ。魔奴闍邪《まぬやじゃ》（双童《そうどう》）とも呼ばれる二人組で、一人は善行を、もう一人は悪行を記録する。両者から提出されたこの記録を比較して、閻魔王は裁判を行い、判決を下すとされる。倶生神とは、現世において人々の善悪所行の証拠資料集めをする、いわば下級の役人である。

『大方広仏華厳経《だいほうこうぶつけごんきょう》（八十華厳）』第六十「入法界品」に「人は生まれた時から同生と同名とい

う二種の神に見守られている。人の行動は常にこの二神に監視されているが、人はこの二神を見ることはできない」と説かれている。これが、倶生神である。

また『薬師瑠璃光如来本願功徳経《やくしるりこうにょらいほんがんくどくきょう》』によると「人が亡くなって閻魔王庁に引き出されたとき、その人のこれまで行ってきた罪悪や福徳をすべて記録した文書を作成し、倶生神が閻魔王へ提出する」と言われる。

さらに『地蔵菩薩発心因縁十王経』には次のようにある。

諸の衆生に同生神有り。魔奴闍邪（同生の略語）なり。左の神は悪を記す。形、羅刹《らせつ》の如くにして、常に随《したが》いて離れず、悉《ことごと》く小悪をも記す。右の神は善を記す。形、吉祥《きちじょう》の如く、常に随いて離れず、微善をも皆録す。総じて双童と名づけ、亡き人の先身の、若《も》しは福、若しは罪、諸業皆書き、尽《ことごと》く持ちて閻魔法王に奏与す。その王、簿《ぼ》を以て亡き人を推問し、所作を算計し、悪に随い、善に随いて而《しか》も断じてこれを分かつ。

聖衆来迎寺蔵「六道絵」閻魔王庁幅では、司命と司録のさらに下方に倶生神が描かれる。向かって右方では黒髪で白肌の優しげな神が筆を手にしている（図4－7）。善行を記録しているのだろう。その文机の前では、縄を解かれた亡者が恭順の姿勢をみせている。左方に座す赤ら顔の恐ろしげな神は悪事を筆録しているのだろう（図4―8）。その文机の手前では、手錠を嵌《は》められた男女の亡者が慚愧《ざんき》に堪《た》えないといった表情をみせている。本場面と『地蔵菩薩発心因縁十王経』の記述とは正しく対応している。

さらに、倶生神は経典に説かれるような異界的・抽象的な存在ではなく、現実的・身体的にもイメージされていたようだ。

平安後期（十二世紀）東大寺で三論宗《さんろんしゅう》を学び、のち醍醐寺にて密教を修めた珍海《ちんかい》は『菩提《ぼだい》心集《しんしゅう》』巻下において、倶生神のうち同名は人の左肩にいて善行を記録し、同生は右肩にあって悪事を記録すると説いている。私たちの両肩には――眼には見えないが――二人の神が乗り、私たちの行動を常に監視しているというのだ。

図4-7　六道絵（閻魔王庁幅・倶生神〔善〕）聖衆来迎寺蔵

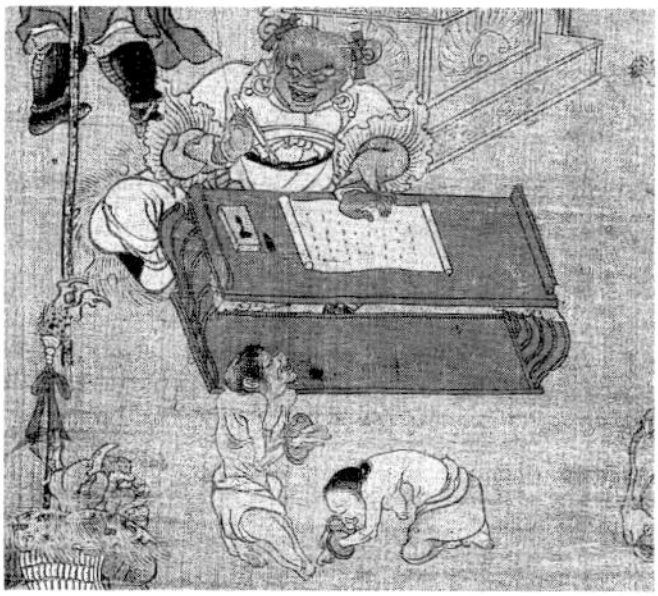

図4-8　六道絵（閻魔王庁幅・倶生神〔悪〕）聖衆来迎寺蔵

鎌倉時代（十二～十三世紀）興福寺の僧侶であった貞慶も『愚迷発心集《ぐめいほつしんしゅう》』のなかで同じようなことを説き、両肩に倶生神のいることに気づきもせず、人が無知蒙昧《もうまい》な日々を過ごすことを、嘆き悲しんでいる。

さらに文永十二年（一二七五）正月二十七日、日蓮がしたためた「四条金吾殿女房御返事《しじょうきんごどのにょうぼうおんへんじ》」では「人の身には左右の肩がある。この肩に同名・同生の二神がいる。この二神は梵天・帝釈天・日月などが人を守護させるために付けてくれた神である。人が母の胎内に宿ったときから一生を終えるまで、影のように、眼のごとく、つきしたがっているのだ。人が悪行をなしたり、善行を積むなどしたときは、露塵ほども残さず、これを天に伝える」と説かれる。

一生涯にわたって、衆生は倶生神により、それぞれの行為が観察され記録されている。それはまるで、刑務所に収監された囚人が、監視人によって行動を見られているのに似ている。囚人の姿は監視人にみつめられる。しかし、監視人の姿は囚人からは見えない。そのために、囚人は常に監視人の「まなざし」が自分に向けられているのではないかとの不安を心に感じ、行動を自重せざるを得ない。視線は人の自由な行動を抑止する。

あるいは、私たちは他者が実際に見ていようが見ていまいが、自我を超えたところにある道徳心や罪悪感によって、自分の行動を規制する。「誰も見ていなくとも、お天道さまが見ている」という言い回しが暗示しているように、この意味では、倶生神は私たちの心のうちに存在すると考えても良い。倶生神とは、欲動を抑圧する「超自我」の象徴であり、それが姿を変えて表象されたものであると読み解かれるのである。

浄頗梨鏡

閻魔王庁に鏡が設置されているのは、よく知られている。

そもそも、鏡は古来、神秘的な道具として用いられてきた。我が国では早くも弥生時代（紀元前四世紀頃〜紀元後三世紀中頃）には宗教儀礼の祭器として使用された。その伝統を継承してか、神社では鏡を「ご神体」として祀るところが多い。あるいは天平時代（八世紀）建立の奈良・西大寺薬師金堂の本尊・薬師三像の台座や光背には、三百面以上の大量の鏡がとりつけられていたとの記録がある（『西大寺《さいだいじ》資《し》材《ざい》流《る》記帳《きちょう》』）。灯明の光を反射して、鏡は幻想的に堂内空間の神聖さを演出し、神仏の威光を照らし出していたものと想像される。

これに対して、地獄の鏡は人の俗悪を映し出す。この鏡は「浄頗梨鏡《じょうはりきょう》」と呼ばれる。『地蔵菩薩発心因縁十王経』によれば、閻魔王庁には光明王院《こうみょうおういん》と善名称院《ぜんみょうしょういん》と呼ばれる二つの建物があり、このうちの光明王院に鏡が設置されていると云う。これが浄頗梨鏡だ——「閻魔王がこの鏡に向かい覗きみると、そこには過去・現在・未来の三世にわたる有情無情の者たちによる一切の所行がすべて鮮やかに映し出される。また八方にも人の善悪の行為を映し出す鏡を懸ける。閻魔王は同生神の帳簿と照らし合わせて、亡者の髪をつかんで右回りにぐるりと回転させ、それを見せる。すると、鏡の中に亡者が生前に行った善の福徳や悪業の一切が浮かび上がる。それはまさに、人と対面して、その目や耳を見るかのように、くっきりと映像が浮かぶのである」と記される。
これに続けて同経は、同生神が口にした言葉をあげている。

我れ閻浮《えんぶ》にて見し如く、今業鏡《ごうきょう》に与《おい》て現ずること、毫末《ごうまつ》も差別無し、質・影の一相なるに同じ。

「私が現世において見たままが、いま鏡に映し出されている。異なるところは寸分もない。その性質もその有り様もまったく同じである」との意味だ。
この同生神の言葉に対して、続いて亡者は答える。

前《さき》に業鏡有るを知らば、敢て罪業を造らず、鏡を鑑《み》ること身を削るが如し、何ぞこれ男女を知らん。

「このような鏡があることをあらかじめ知っていれば、生前に罪を犯しはしなかった。鏡を見ると身を削るような辛さを感じる。男であれ女であれ、だれがこのことを知り得よう」

とのことだ。

あるいは『十王讃歎鈔』には次のように記される。

鬼ども、(閻魔王の)勅定を蒙《こうむ》りて、罪人の左右の手を取り提《さ》げ、光明院の宮殿を開き、九面の鏡の中に罪人をおくに、一々の鏡の面に一期《いちご》の間つくりたる罪業残りなく、また人に知らせず心一つに思いし念念の悪業まで、一つも残らず浮かびうつりて隈もなし。

ここでは、実際になした悪しき行為ばかりではなく、心の中で思っただけの悪意さえも、浄頗梨鏡には映し出されると説かれている。

現実の鏡は現在の自分の姿形を映し出すが、地獄の鏡は過去の行為ばかりか、心の内に隠していた思いまでも明らかにしてしまうと云うのである。それはとても恐ろしいことである。しかし考えてみれば、現実世界であれ異界であれ、鏡を通してでなければ、私たちは自分自身が何者であるのかを知ることができない。人間の子どもは生後六ヵ月から十八ヵ月までの間に、鏡の中に映った像が自分であると認識する。これを通じて「自我」を獲得すると云われる(ラカン「〈わたし〉の機能を形成するものとしての鏡像段階」『エクリI』)。その意味で、鏡とは自己の身体的な形象(姿かたち)や心の様態(気持ちや感情)を知る上で、欠くこ

図4-9　六道絵（閻魔王庁幅・浄頗梨鏡） 聖衆来迎寺蔵

とのできない道具であるに違いない。鏡に向かうとは、自分自身が何者であるかを「まなざし」によって認知することを意味する。

聖衆来迎寺蔵「六道絵」閻魔王庁幅では、鬼形の倶生神の近くに、この鏡が大きく描かれる（図4－9）。鏡面には、僧侶を槍で刺して殺害する場面が映し出されている。動かぬ証拠を突きつけられた亡者は、おのれの悪業について、もはや何も言い逃れできない。彼の宿命が地獄堕ちと定まり、鏡の横では獄卒の一人が小躍りして喜んでいる。

京都・禅林寺蔵「十界図」地蔵幅に描かれた浄頗梨鏡には、橋上にて盗賊が旅人の荷物を奪う場面、出光美術館蔵「十王地獄図」左幅の鏡には、僧侶に暴力を振るおうとする男と畜生道の様相、京都・二尊院と浄福寺が所蔵する「十王図」閻魔王幅には、船上にて争う武士の姿が、それぞれ映し出されている。

さらに我が国中世期には、右に挙げた掛幅形式の六道絵のほかに、絵巻形式の社寺縁起絵などにおいても浄頗梨鏡は描かれた。

たとえば宮内庁三の丸尚蔵館蔵「春日権現験記絵」巻六、東京国立博物館蔵「星光寺縁起絵」下巻、京都・真正極楽寺蔵「真如堂縁起絵」下巻など。個々の作品中において、物語の展開する場面が地獄であることを示すための舞台装置として鏡は描き添えられている。言い換えれば、異界の宮殿に大きな鏡が設《しつら》えられていれば、そこが閻魔王庁を意味することとは、我が国中世の人々にとって自明の了解事項であった。恐ろしき浄頗梨鏡のイメージは、たいへん深く人の精神構造に浸透していたのである。

浄頗梨鏡を前にして、亡者は鏡面におのれの前世の生き様を反省する。それと同等に、地獄絵を目にした鑑賞者は、まさしく絵の中におのれの来世の運命とそこへと至る自己の生活の在り方に深く思いを巡らすのではあるまいか。すなわち、浄頗梨鏡と地獄絵とは同じような機能を帯びたイメージ装置なのだ。そう考えると、鏡を覗き見るのと同じく、地獄絵を目にすることもまた、実はとても恐ろしいことのように思われる。

我が子に訴えられる母親

閻魔王庁の機構や設備についてはよくわかった。それでは、ここに引き出された亡者は、どんな裁きを受けるのか？

聖衆来迎寺蔵「六道絵」閻魔王庁幅の画面下方中央に目を向けてみよう（次頁・図4－10）。

図4-10　六道絵（閻魔王庁幅・我が子に訴えられる母親）聖衆来迎寺蔵

ここには首枷《くびかせ》をつけられた女亡者が、獄卒に連行されるところが描かれている。その背後には、彼女を見送る男亡者。彼は彼女の生前の夫であろうか。その二人の間には裸の赤子が一人いるのが見て取れる。女亡者がこの子の母親であり、この三人は生前に家族であったことがうかがえる。

一見すると、この赤子は母を恋い慕う子どものように見えるかもしれない。しかし、その解釈は誤りである。目を凝らしてよく見てみよう——この赤子は右手で母親の裾をつかみながら、左手に巻子状の文書を持っている——この子は、ただやみくもに母に付き従っているわけではないのだ。

文書管理機関であるところの閻魔王庁において巻子状の文書といえば、まず第一に想定されるのは「訴状」であろう。どんな悪事を犯したのか、それを閻魔王に訴え出るための文書である。たとえば滋賀・永源寺蔵「十王図」において、嘴《くちばし》に訴状を咥《くわ》えた鳥たちが亡者を告発するために閻魔王のもとを訪れている（亡者の前の浄頗梨鏡には彼が生前、鳥獣を殺した場面が映し出されている）。聖衆来迎寺蔵「六道絵」にて赤子が手にしているのも、これと同じ訴状とみなすべきではなかろうか。

他の絵画作例を探してみると、永源寺蔵「十王図」と同じく中国・南宋時代（十三世紀）寧波にて制作された金沢文庫蔵「十王図」や同じく寧波制作の奈良国立博物館蔵「十王図」でも、巻子を持った赤子が母親の背後をしっかりとした足取りで歩いており、この種の図様が大陸にて成立していたことがわかる。すなわち、我が国で制作された聖衆来迎寺蔵「六道絵」は、こうした大陸の図様を参照して描かれたとみられる。

前世において、この赤子は母親の手で堕胎あるいは間引《まびき》された。その事実を告発するために、訴状を手に閻魔王庁を訪れ、自分を殺した母と再会した。赤子は母親を慕っているのではない。母を恨み、彼女が地獄に堕ちるようにと、閻魔王に願い出ようとしているのだと読み解かれる（鷹巣純「悪道の母子」）。

我が国では古代中世、様々な理由から親が自らの子を殺《あや》めること、すなわち、堕胎や間引が行われていた。十六世紀に日本で布教を行った宣教師ルイス・フロイスはその著書『日本史』にて、当時の女性たちは或る者は貧困のために、或る者は男子が生まれず娘ばかりであることにうんざりして、また或る者は赤子がいると働けないことから、子殺しを行

図4-11　歌川国明筆「子がえしする人の始末」公文教育研究会蔵

うが「それは珍しいことではない」と記している。外国人の目からみた、その時代の我が国の社会の実情を語る証言として、興味深い（脇田晴子『日本中世女性史の研究』）。

さらに近世に入ると、天保年間（一八三一～四五）以降には日本各地の村落にて、堕胎や間引を戒める教諭書が多数刊行されている。このことから、かえって子殺しがどこでも盛んになされていたことがうかがわれる。その種の教諭書は多くの場合、挿絵入りで母親が子を殺める場面を収めていると云う（沢山美果子『出産と身体の近世』）。

それを原画として描かれた、奉納絵馬や一枚物の刷物にした浮世絵などが現存している。たとえば、文久二年（一八六二）一鳳斎（歌川）国明筆「子がえしする人の始末」が、その一例だ（図4－11）。ここには、赤子の口をふさぎ息を止めようとする母親と、その母親が閻魔王の前で赤子に責め苦を受ける場面とが、上下に並べて描かれている。子殺しの罪が親への復讐心を生む。まさしく因果応報のあらわれである。

古く遠く大陸の十王図や我が国中世の六道絵から近世末の絵画にまで至る、図様と思想の伝統継承の長い歴史が知られよう。

どんな理由があったとしても、我が子を傷つけ、殺害する親の罪が軽いはずはない。当事者である母親はそのことに深く傷ついた。そうした良心の呵責（罪業意識）を映し出す鏡として、経論の言葉を超えて、絵画は私たちの目前に厳罰のイメージを提示しているのである。

十王

地獄の裁判官は閻魔王ひとりだけではない。本章をしめくくるに当たり、そのほかの冥官たちも紹介しておこう。

中国・唐時代後半（八〜九世紀）に成立した『仏説閻羅王授記四衆逆修生七往生浄土経』と、それを増補改訂するかたちで中国ないしは日本で十世紀以降に成立した『地蔵菩薩発心因縁十王経』には、閻魔王を含む十人の地獄の冥官についての記述がある。すなわち、人が亡くなってのち一七日（七日）に裁判を行うのは秦広王《しんこうおう》、二七日（十四日）は初江王《しょこうおう》、三七日（二十一日）は宋帝王《そうていおう》、四七日（二十八日）は五官王《ごかんおう》、五七日（三十五日）には閻魔王の裁きを受け、六七日（四十二日）は変成王《へんじょうおう》、七七日（四十九日）は太山王《たいさんおう》、百ヵ日の平等王《びょうどうおう》、一周忌に都市《とし》王《おう》を経て、三周忌にして五道転輪王《ごどうてんりんおう》へと至る。個々の裁判の度毎に、亡者は王たちに厳しく詰問され、様々な責め苦を受けると云うのである。それゆえ、亡者への判決が少しでも軽くなるように、遺族は亡者のために、それぞれの日毎に追善供養を営むべきであると経典に説かれる。あるいは、今は健康に暮らす者も、生前にこれら十王を奉ることによって、自分自身がいずれ冥界へと赴いたときに、自身の刑罰が少しでも軽くなるように念じるべきだとされる。

十王信仰は、亡き人のための供養であるとともに、自己の行く末の安穏を祈ることが目的であった。

『仏説閻羅王授記四衆逆修生七往生浄土経』に言及は見えないが、『地蔵菩薩発心因縁十王経』には十王それぞれについて、彼らに対応する仏菩薩（本地仏）の名前を挙げている。たとえば秦広王に対しては不動明王、閻魔王に対しては地蔵菩薩、五道転輪王に対しては阿弥陀如来など。本地仏は、十王がただ単に恐ろしい厳父なのではなく、その本性として慈悲心を兼ね備えていることを象徴する。これを一覧表化すると図4-12のようになる。ただし、この十王と本地仏の関係は必ずしも一定ではなく、説話や唱導では各王と仏菩薩が経典とは異なる別の組み合わせで語られているものもある（本井牧子「十王経とその享受」）。

絵画作品としては、既に述べた和泉市久保惣記念美術館蔵「十王経図巻」のほか、大英博物館やギメ美術館には地蔵菩薩を中心として、その周囲に十王を配した十世紀制作の大画面形式の地蔵十王図があり、また十二〜十四世紀には一幅毎に十王を描いた十幅セットの作品も制作された。前者は中国の敦煌で発見されたもの、後者は中国・寧波から我が国へもたらされたもの。後者に関しては、日本で作られた模写本も数多く遺されている。東アジア各地に十王を描く絵画遺品が多数現存するのは、それに対する篤い信仰が歴史的にも地理的にも長く広まっていたことの証である。

	十王	本地仏
1	秦広王	不動明王
2	初江王	釈迦如来
3	宋帝王	文殊菩薩
4	五官王	普賢菩薩
5	閻魔王	地蔵菩薩
6	変成王	弥勒菩薩
7	太山王	薬師如来
8	平等王	観世音菩薩
9	都市王	阿閦如来
10	五道転輪王	阿弥陀如来

図4-12　十王と本地仏『地蔵菩薩発心因縁十王経』（『大日本続蔵経』所収本による）

次頁に掲げたのは、出光美術館蔵「十王地獄図」二幅それぞれの画面上方である（図4－13、14）。一列に並ぶ十王の前で、様々な地獄の責め苦が亡者に対して科せられているのを観ることができる。画面上部の円相内に示されているのが、各王の本地仏である。

本作品は、地蔵菩薩像を本尊とする儀礼空間に掛けられた。この二幅を室内の左右の壁に対置するように飾ることで、堂内には十王をめぐる巡礼の行程が提示され、死後の道行きを仮想体験させてくれるような厳粛な空間が構築されていたと推定される（鷹巣純「バーチャル・メディアとしての六道絵」）。

図4-13　十王地獄図（右幅・十王） 出光美術館蔵

しばし本作品を眺めてみよう。

すると、あらためて気がつくのは、十王およびその側に立つ冥官たち全員が男性であることだ。十王には一人として女性は含まれない。すなわち、地獄の裁定に女は口出しできず、男たちがすべてを決裁するのである。実に父権的な場として、地獄の裁判は実施されるのだ。

幼児期における男児による母親との近親相姦願望や去勢不安、女児による同性の親への攻撃心は、成長するに連れて無意識に抑圧される。その際に、社会的な規律としての「法」の象徴として立ち現れるのが「父親」である。閻魔王を含む十王がいずれも男性であることは、父親的なイメージが、幼児期そして大人になってから、さらには死後の行く末までをも人を導くということを暗示している。

図4-14　十王地獄図（左幅・十王） 出光美術館蔵

しかも、彼らが皆、大陸的な漢民族の衣裳を身にまとっていることも見逃せない。本作品に限らず、我が国で制作された十王図は、王たちを日本風に改変することなく、大陸風のイメージのまま描き継がれている。遺品を総覧してみると、まったく例外なく、十王は常に変わらず漢民族的である。

日本古代中世の男性にとって、自分たち以上に男性的なるものの象徴として、大陸の文化がイメージされていた（千野香織「日本美術のジェンダー」）。たとえば、和歌は男女を問わず詠むが、漢詩を作る主体は男性である。異国の男性を前にした日本の男性あるいは女性は、地理的差違を基準において、自らの文化を女性的な弱きものとみなした。それゆえに、十王は異国風を装うことで厳しい裁きを下す者として、日本でのイメージを獲得し維持され続けたと考えられる。

すなわち、地獄の裁判とは、現実の性差や地域性を投影し創作された、文化的な幻想の産物であると解読される。言い換えるなら、この世にあらざる他界においてさえも、現実の社会のありようは強力な規範として、イメージの構築に作用を及ぼしていると読み解かれるのである。

＊　　＊　　＊

以上、前章と本章にて私たちは、地獄絵を観ることを通じて、異界をくまなく巡礼してきた。次章では視点を変えて、私たちが行ってきた「地獄絵を観る」こと自体に焦点を当て、その意義について考察してみることにしよう。そのために、かつて歴史上の人物たちが地獄絵を目にして何を思い、いかに感じてきたかを検証してみよう。彼らの視線を追いかけてみることにしよう。地獄絵を前にしたとき「心に浮かぶ恐怖」あるいは「見ることの快楽」とは一体いかなるものなのか？　彼らが地獄絵について語る言葉に耳を傾けてみる。

それは、来世としての地獄と現世における人間とを結びつける「まなざし」の歴史的な在り方、その方向性や深度をあらためて今を生きる私たちの目で計測することにほかならない。

第五章　地獄絵を観た人たち

新しい美術史

「まなざし」を問うこと──それは、人文学のなかにあって「美術史」にとっての課題である。では、美術史とは一体どんな学問なのだろうか？

今でも英語で「ニュー・アート・ヒストリー」と呼ばれてはいるが、それはもう「ニュー」とは呼べない。古い美術観、古い美術史と手を切った第一世代の書物が世に出たのはもう十年以上も前のことになる。かつては危険分子、急進派の「はねあがり」と言われた美術史家たちもすっかり体制内にとりこまれ、多くは有名大学の教授職におさまった。しかし、このそう「ニュー」でもなくなったニュー・アート・ヒストリーは少なくとも今のところは、まだ息切れの様子を見せてはいない。それどころか、一世代前には誰も聞いたことのなかったような観念にもとづいてできた美術史の本がなお一層量産中である。そしてある意味ではニュー・アート・ヒストリーは時がたつにつれて面白くなりこそすれ、色あせていくというふうには見えない。

（N・ブライソン（高山宏訳）「ニュー・アート・ヒストリーNew (or Not So New ?) Art History」）

いわゆる「新しい美術史」の先導者であったノーマン・ブライソンが、右の文章を記したのは一九九五年。今から二十年以上も昔のことだ。ゆえに、ここで云う「新しい」は現在の時点では「最新の」という意味からはほど遠い。むしろ、二十世紀美術における「新印象派」や「新表現主義（ニュー・ペインティング）」などと同じく、その時代に主流であった芸術運動と比較して「それとは異なる」という意味での新しさだととらえてほしい。

では、それは一体どこが「新しい」ものであったのか？

急進派の「はねあがり」として登場した新しい美術史の動向を、一つにまとめて論じることは難しい。そこでは、さまざまな理論的・実践的な研究手法が百花繚乱《りょうらん》の様相を呈する。広い視野からとらえてみれば、一九七〇年代には「近代」が終焉を迎えて「ポスト近代」という新たな時代が到来した。そのため、政治や経済そして学問においても「パラダイム（枠組み）転換」が進行した。美術史の刷新も、この大きな潮流の中に位置づけられる（加藤哲弘『美術史学の系譜』）。

いまは美術史に限定して、その革新性をとらえるとするなら、長い歴史のなかで、西洋ルネサンス時代（十六世紀）ヴァザーリによって著された『芸術家列伝』に見られるごとく、作家の伝記から彼が生涯にわたり創作した作品を理解するという考え方が、美術史のまず出発点であった。旧体制の美術史研究はこれに端を発して、優れた作家と彼の作品（名作）

と、それほどでもない作家たちと彼らの作品（凡作）とを峻別した。そして、前者を研究の核におき、さらに名作群を「時間の流れ」と「地域の違い」という座標軸上に並べて位置づけることを、その目的としてきた。こうした学問の規範に対する疑義、それに抗う視座の導入が、新しい美術史を試みる者にとって共有された目論見であったと総括される。

そのためには、美術作品は作家の専有物であるという前提に、疑いの目が向けられなければならない。

「作品には作家が意図した意味が十全に込められている。だから、美術史研究者あるいは鑑賞者にとっては、それを探り当てることが最も重要な課題である」――そういった考え方を、捨ててみてはどうか。作品には、作者の意図せざる意味や、作者が生きた時代の環境的要因が無意識のうちに込められている。それに光を当ててみることによって、これまで見過ごされてきた新たな輝きを、作品から引き出し得る可能性がある。

作家に代わる者として、美術史において注目されるのは、鑑賞者の立場である。

作者（彼）の歴史ではなく、鑑賞者（私）の現在を問うてみよう。そうすると、当然のことながら、これまで自明のように価値づけられていた名作や凡作といった基準も、あらたな線引きが私によってなされることになる。しかし、そうはいっても、私は決して完全なる判定者ではない。私にもまた明確に意識されることのない私の心の内面がある。あるいは、私自身の主体的判断と思い込んでいても、実は私の生きる現代が強いる価値観が私の物の見方を左右しているかもしれない。ゆえに、私自身を相対化し、私の「まなざし」を他者の「まなざし」と重ねつつ、個々の作品に向かう必要がある。結論を急ぐことなく、他者の意見に耳を傾け、ゆっくりと考え続けなければならない。

たとえば、我が国の絵巻物について考えてみよう。源氏物語絵巻や鳥獣人物戯画などといった（学校の教科書でも紹介されるほど）よく知られた名品を漫然と眺めて「良い絵ですね」と確認するだけで、いまや事足れりと満足すべきではない。歴史上、鎌倉時代（十四世紀）の花園天皇《はなぞのてんのう》、室町時代（十五世紀）の後崇光院《ごすこういん》、戦国時代（十六世紀）の三条西実隆《さんじょうにしさねたか》などは、いずれも絵巻好きで、数多くの古画を鑑賞し、また自分自身の手で新たな作品の創作も行った。加えて、彼らはそうした経験について多くの記録を遺してくれているのも、貴重である。こうした鑑賞者の視点から、絵巻を見直してみようとする、文字どおり新しい研究が近年企てられた（高岸輝「絵巻マニアの絵巻評」）。すると、現代の私たちもまた、彼らの系譜の延長線上に自分自身を置いて、新しい目で絵巻を見直すことができるのだ。

さて。こうした理解を踏まえて、問うてみよう。

かつて人々は地獄絵をいかに目にしてきたのか？　それについて考えてみることを通じて、ひるがえって私たち自身の「まなざし」を、より深く理解するための一助としてみたいと思う。

菅原道真

平安初期（九世紀）、毎年年末の宗教行事として宮中では「仏名会《ぶつみょうえ》」と称される儀式が行われていた（これについては第三章で言及した）。この当時、日本は駿河国《するがのくに》や武蔵国《むさしのくに》など「国」という単位で地域毎に分けられており、各国では京都（中央）から派遣された貴族が国司（地方長官）として政治を司っていた。任国に赴いた貴族たちは、それぞれの国において、京都と同じように仏名会を催していたらしい。

現代では「学問の神さま」「受験合格祈願の神さま」として知られる菅原道真《すがわらのみちざね》は、極めて優秀な貴族官僚で、讃岐国《さぬきのくに》の国司となり、任国へ下向。仁和四年（八八八）十二月、彼の地で仏名会を開催した。そのとき作った漢詩が『菅家文草《かんけぶんそう》』巻四に収められている。「一切衆生　煩悩の身、哀《めぐ》みを求めて懺悔して、能仁を仰ぐ（一切衆生は煩悩にとらわれている。仏の慈悲を求めて懺悔して、釈迦を仰ぎみよう）」との言葉から始まる長大な作品だ。この詩の後半には次のような一節がある。

辺地《へんち》の生生《しょうじょう》は　常に下賤なり

未来の世世《せぜ》も　亦単貧《たんぴん》ならん
宿業に由りてみな此の如くなるのみに非ず
亦復《また》当時《そのかみ》　更に因を結ばんや
无量无辺《むりょうむへん》　何れの処よりか起る
自身自口　此の中に臻《いた》れり
課税より逋逃《ほとう》すれば　冥司録《しる》さん
公私を欺詐《きさ》すれば　獄卒瞋《いか》らん
漁叟《ぎょそう》の暗《そら》に傷くるも　昔の兄弟
猟師《りょうし》の好みて殺せるも　旧《もと》の君親
風に在りて濫訴《らんそ》すれば　犂《からすき》なして耕す舌
俗に習いて狂言《たぶれごと》すれば　湯もて爛《ただ》らす脣《くちびる》
遠教万方《えんきょうまんぽう》　罪先ず現る
乖和《かいか》一夕《いっせき》　苦しび相遵《したが》う
肉《しし》は飛ぶ　羅刹鬼前の刃《やいば》に
骨は赴く　泥梨《ないり》鼎下《ていか》の薪《たきぎ》に
疑惑愚癡にして　暁悟《ぎょうご》なし

暁悟なしといえども　精懃《せいきん》せしめまく欲《ほ》りす
慚《は》ずべし愧《は》ずべし　誰か能く勧むる
菩《ぼ》薩《さち》の弟子《ていし》　菅道真《かんどうしん》

この、やや難解な言葉の多い詩を読み解いてみよう。

まず述べられているのは、讃岐国という辺地（都から遠い土地）に住む人々は下賤（貧しく卑しい者たち）であるということだ。それは前世からの宿業のゆえばかりではなく、いま現在、この世においても悪行を積んでいるからである。その行いとそれに対する報いとして「税金逃れをしようとする者は、地獄の冥官によって記録される」「課役を免れようとする者は、地獄の獄卒の怒りを買う」「漁夫や猟師が知らずに殺すのは、亡くなった兄弟や両親の生まれ変わりかもしれず」「みだりに訴訟を起こす者は、牛が農具（犂）で舌を耕す罰を受け」「世俗の噂に流されて虚言を口にする者は、地獄でその唇に熱湯をかけられる」と厳しく断罪する。

仏名会の儀礼空間には「地獄変御屏風」と称される絵がしつらえられた（これについても第三章で言及した）。残念ながら、この屏風は遺品が伝わらず、そこにどんな図様が描かれていたのか不明である。しかし、屏風の名称からして、地獄の光景が描かれたことは確かである。道真はおそらくこの屏風を目にしながら（あるいは、かつて目にした経験を想起しながら）この一節を作詩したに違いない。そう考えると、この漢詩で用いられる視覚的イメージは生き生きと理解できる。すなわち、地獄変御屏風には、文書管理をする地獄の冥官の振る舞いや獄卒たちによる罪人の責め苦の様子など、種々の場面が描かれていたと推察される。

興味深いのは、ここで道真は、讃岐国の土着の人々と地獄堕ちする亡者とを重ね合わせてイメージしていることだ。税金や課役をごまかしたり、面倒な裁判を起こしたりする輩《やから》は、国司である道真にとっては、許しがたい存在とその目に映り、いうなれば地獄堕ち必定《ひつじょう》の運命にあるぞと警告しているのである。

そもそも、仏名会を修する本来の目的は、この一年間に自分自身が犯した罪障を反省、懺悔することによって、翌年の多幸を祈念することにあった。しかし、このとき道真は自らの行為を全く反省などしていない。そのことは、この漢詩の末文が「慙ずべし愧ずべし誰か能く勧むる　菩薩の弟子　菅道真（恥を知れと人々に勧めるのは、菩薩の弟子であるところの菅原道真）」という自称で結ばれることから、明らかである。京都から派遣されたエリート官僚である彼自身ではありえず、自らが支配する讃岐国の人々が地獄へと堕ちる可能性を繰り返し述べている。この漢詩には、自身の正義を信じ、土着の人々を悪と断ずる、道真の強い自負心が滲み出ていよう。

道真にとって地獄変御屏風は、中央と地方、貴族と庶民、支配者と被支配者といった明確な上下関係の差違を表象し、そのことを確認し宣言するための小道具として、読み解かれていたことがうかがわれる。

地獄絵とは、かくのごとく自己と他者の差別意識を前提とした「まなざし」に向けて、開かれた絵画である。地獄に堕ちるのは誰か？　私かあなたか、それとも別の見知らぬ誰かなのか？　――鑑賞者はそのことをあらかじめ想定しながら、その暗い画面に目を凝らしているのである。

尊意僧正

極めて優秀な官僚であった菅原道真は、任地より帰京ののち破格の高い地位を与えられ、政治の中枢に躍り出た。まさにそれゆえに、周囲から嫉妬され、強い反感も買った。平安中期（十世紀）に入る頃、着実に勢力を伸ばしつつあった藤原氏から敵対視され、昌泰四年（九〇一）左大臣の藤原時平の陰謀により京都から追放、大宰府へと下った。そして、間もなく延喜三年（九〇三）道真は配流《はいる》先で死去する。生前の無念の気持ちが、死後にも道真の心に残り続けた。よって、怨霊と化した道真は、時平らへの復讐を誓ったのである。

道真没後さほど時を経ない或る夜のこと、天台座主《ざす》であった尊意僧正《そんいそうじょう》の住房の戸を叩く音がする。何事かと思い、戸を開けた尊意の前に立っていたのは、なんと、道真の怨霊であった。生前と変わらぬ姿の道真を尊意は持仏堂に招き入れ、彼の話を聞いた。道真が云う――「自分はこれから復讐をするつもりである。自分の復讐は天も認めた正義である。しかし、僧正の法力によって押さえ込まれてしまわないとも限らない。だから、どうか邪魔をしないでほしい」と。これに対して尊意は答えた――「あなたの言いたいことは理解できる。しかし、この地上は天皇が治められる世界である。もしも、天皇から三度にわたり『道真の怨霊を調伏せよ』との命令が下されたなら、私はそれに従うだろう」と。それを聞いて怒った道真は、持仏堂にあった石榴《ざくろ》を口に含んで吐き出した。すると、石榴は炎を発して燃え上がった。尊意は少しも慌てず、手に灑水《しゃすい》の印を結ぶと、その火はすぐに消し止められたという。

しかし、道真の復讐心は強く、その怨霊の力は絶大であった。或る日のこと、時ならぬ雷鳴が内裏《だいり》の空に響きわたり、清涼殿に落雷した。道真は雷神となって、時平らに報復をしようと試みたのである。それゆえ、天皇からの命令を三度受け取った尊意は、急ぎ宮中へとはせ参じた。途中、鴨川が増水していたのだが、尊意の神通力によって川を流れる水は左右に分かれるという奇跡が生じ、その中間を牛車で渡って尊意は参内《さんだい》したといわれる。

この「石榴天神《ざくろてんじん》」と「尊意渡水《そんいとすい》」の話は、北野天満宮蔵「北野天神縁起（承久本）」巻五ほかの作品にて、しばしば絵画化されている。史実かどうかは定かでないが、道真の怨霊に負けぬほどの優れた霊力を有する僧侶として、尊意は人々の敬意を集めた。

尊意が亡くなったのは天慶三年（九四〇）。七十五歳のこと。『日本高僧伝要文抄《にほんこうそうでんようぶんしょう》』巻二は、彼の子どもの頃の、次のような逸話を載せている――「貞観十八年（八七六）、十一歳のときのこと。鴨川東岸にあった吉田寺を訪れた尊意少年は、その堂舎の後壁に地獄絵が描かれているのを発見した。そこには罪を犯した者が、激しい責め苦を受けている様子が描かれていた。これを目にした少年は、たちまちに遊び楽しむ童心を捨てて、比叡山に登り出家し修行することを決意した」と云う。

中国・唐の都の長安には数多くの寺院があり、そこは壁画で飾られていた。壁画のなかには、地獄を主題としたものが少なからずあったことが『歴代名画記《れきだいめいがき》』に記録されている。それとよく似た寺院壁画が、我が国の平安京周辺でも見られたものと想像される（加須屋誠「東アジア・日本の仏教世界における地獄観」）。

尊意の幼い心に、吉田寺の地獄絵は強い衝撃を与えたことだろう。それが契機となって彼は出家をはたし、後年には天台座主の地位まで上りつめ、また道真の怨霊と対決するような強力な霊力をもつ僧侶へと立派に成長を遂げたものと思われる。彼の人生を変えた起点が地獄絵を目にした体験であったということは、そのイメージのインパクトがどれほどのものであったかを伝えていて、非常に興味深い。

幼年期に観た地獄絵が、大人になっても忘れられない。そういうことは、遠い昔の尊意僧正のみならず、いつの時代にもありえたことである。近代になっても、そうした経験をした人たちが見出される。

たとえば、明治十五年（一八八二）生まれの歌人斎藤茂吉《さいとうもきち》は、幼い頃は山形県で育ち、地元の宝泉寺にて「地獄極楽図」を目にした。上京し大人になった茂吉は大正二年（一九一三）刊行の最初の歌集『赤光《しゃっこう》』に、幼年期に観た地獄絵について詠んだ歌を十一首収録している。あるいは、明治四十二年（一九〇九）生まれの小説家太宰治《だざいおさむ》は、幼い頃に母親代わりに自分を育ててくれた女中たけに連れられて「地獄極楽図」を観たことを、昭和八年（一九三三）発表の『思い出』のなかに記している。太宰が観たのは、彼の生家近くにある青森・雲祥寺に伝わる絵であった（錦仁『東北の地獄絵』）。

もう一人、私が注目したいのは昭和十年（一九三五）生まれの歌人にして劇作家であった寺山修司《てらやましゅうじ》である。寺山は、昭和四十三年（一九六八）刊『誰か故郷を想はざる』のなかで、次のように語っている。


　生まれてはじめて地獄絵を見たのは、五歳の彼岸のときだった。私は秋の七草を、萩、なでしこ、おみなえし、葛、尾花、藤ばかま、桔梗と、全部言えたほうびに母にお寺へつれて行って貰って、地獄絵を見せてもらったのだ。

その古ぼけた地獄絵のなかの光景、解身や函量所、咩声といったものから、金掘り地獄、母捨て地獄にいたる無数の地獄は、ながい間私の脳裡からはなれることはなかった。

私は、父が出征の夜、母ともつれあって、蒲団からはみださせた四本の足、赤いじゅばん、20ワットの裸電球のお月さまの下でありありと目撃した性のイメージと、お寺の地獄絵と、空襲の三つが、私の少年時代の「三大地獄」だったのではないか、と思っている。

だが、なかでももっとも無惨だった空襲が、一番印象がうすいのはなぜなのか今もってよくわからない。蓮得寺の、赤ちゃけた地獄絵の、解身地獄でばらばらに解剖されている(母そっくりの)中年女の断末魔の悲鳴をあげている図の方が、ほんものの空襲での目前の死以上に私を脅やかしつづけてきたのは、一体なぜなのだろうか?

地獄絵は、実際の空襲=戦争体験以上に鮮烈なイメージを、寺山の子ども心に植え付けた。その感性は、「観る」という行為が「まなざしの欲望」という主体性に基づいていたからではあるまいか。それは、子どもが戦争に巻き込まれるといった受動的な経験とは異質である。寺山においては、地獄絵の暴力と、父母の性交を目撃したとする事実（あるいは彼の視覚的な幻想かもしれない）が表すエロスとが、重ねあわされている。

尊意僧正の場合は、地獄絵体験を経て、僧となり、道真の怨霊と対峙《たいじ》するまでの聖性を獲得した。寺山の場合は、成長してのち劇団「天井桟敷《てんじようさじき》」を主宰して、地獄絵に通じるような暗く陰惨で禍々《まがまが》しい舞台を数多く築き上げた。

地獄絵を観ること、とくに幼年期のそれは、恐怖と魅惑とが無意識のうちに心深くに刻印され、のちの人生を左右するかもしれないような、なにか特別な出来事なのである。

清少納言

続いては、地獄絵を観る女性の例を挙げてみよう。

正暦五年（九九四）頃のこと、毎年の年末恒例の行事である仏名会が宮中にて催された。そのとき儀式の場に飾られた地獄変御屏風を、翌日に一条天皇の中宮であった藤原定子《ていし》は借り出してきて、自身の局《つぼね》（宮殿内に区画され設けられた部屋）に置き、じっくりと鑑賞した。周囲の女房たちにも「これをよく観なさい」と命じたが、その一人であった清少納言《せいしようなごん》は、その絵をひどく気味の悪いものだと感じて「決して観ることはいたしますまい」と述べ、逃げ出し、うつ臥してしまった――これは『枕草子』七七段の前半に記されたエピソードである。

地獄変御屏風は現存しないが、先述の菅原道真が讃岐国で行った仏名会にしつらえられたであろう屛風の図様から推察して、暴力的な地獄の責め苦が多々描かれていたに違いない。それゆえ、清少納言はそれを「気味悪い（ゆゆし）」と感じ、観ることを決然と拒否したのである。

ただし、彼女が本心から「地獄絵を恐ろしいもの」と感じていたのだろうか？　それについては一度じっくり考えてみる余地があるように思われる。

すでに平安中期には女性は男性よりも罪深く、地獄堕ちの運命にあることが広く知られていた。そのため、清少納言は極度に地獄絵を恐れたに違いないとする見解が、これまでの研究では指摘されてきた。しかし、そのような解釈が誤解であることを示す証拠が三点ある。

まず第一に、この時代すでに罪障観が深く女性をとらえていたとするならば、なぜ中宮定子はわざわざ地獄変御屏風を借り出してきたのだろうか？　周囲の女房たちとは別に、定子だけは女性である自身の宿世にしっかりと向き合い、それを受け入れる覚悟ができていたとは考え難い。むしろ、定子は自分自身の地獄堕ちについてなど思いを致しておらず、ただ珍しいもの、不気味なものとして地獄変御屏風に興味、好奇心を抱いていたとみるのが正しいであろう。女性自身が性差を前提とした罪障を深く意識するまでには、未だこの時代には至っていなかったと考えるべきである。

また第二に、清少納言の立場に即してみると、『枕草子』という書物全体から浮かび上がる彼女の自意識は、漢詩を含む広い知識に恵まれた男勝りの性分で、宮廷社会においては藤原実方《さねかた》はじめ男性貴族たちとの和歌の贈答でも一歩もひけをとらぬ知的才女である。それにもかかわらず、この七七段の冒頭だけが『枕草子』のなかで、知的ではなく感情的・女性的なセルフ・イメージを打ち出しているとしたなら、それは同書全体のなかにおいていささか奇妙である。

そして第三点。この七七段の後半を読み進めてみよう。この日は雨が降っていて、所在なくしていた男性貴族たちが、定子の局に集まってきた。そして、琵琶や琴など楽器を演奏したり、白楽天の詩を吟じたりした。すると、隠れていたはずの清少納言は顔を出す。それを見た周囲の男女に「(地獄堕ちのような)仏罰は恐ろしいけれど、(貴公子たちがやってくる)このようなすばらしい催しには、我慢しきれないでしょう」と笑われたと結ばれる。つまり、『枕草子』七七段の趣旨は、中宮定子のもとで催された男女の集いがいかに華やかなものであったかを語ることにある。地獄変御屏風を観る・観ないといった話は、あくまでもそれを引き立たせるための前振りに過ぎないのであったと云える。

清少納言は本心から地獄絵に恐怖心を抱いたわけではない。とするならば、なぜ彼女はその前から逃げ出したりしたのだろうか？

現代において、私たちがしばしば口にする言葉に「空気を読む」というフレーズがある。その場の雰囲気を察知し、それに適応した行為を選び取ることを指す。清少納言は、仏名会の翌日に運ばれてきた地獄変御屏風を前にして、まずは定子の気持ちに配慮して、地獄絵を前にした女房として忌避感を示す態度をとることこそが、その場にふさわしいと判断を下したのではあるまいか。そしてさらに、三々五々と男性貴族たちが集まってくるなか、ふだんは局で存在感を主張する自分が、いまは地獄絵のせいで逃げ隠れているという風体《ふうてい》を、彼らにみせつけようと企てたとも考えられる。自分は「気味悪いものに恐怖心を抱く、女性的な感性を有しているのよ」とのアピールである。それは、まさしくその場の「空気」を読んだ上での、清少納言ならではの知的な行為であったと云えるだろう。

罪業観や宗教心とは別次元で、地獄絵を怖がるという女性的な仕草をみせることを、彼女は意識的に選択した――『枕草子』七七段は、そのように読み解きうるのである。

もちろん、清少納言と同時代あるいは後の時代のすべての女性が、彼女と同じように冷静な観察に基づいて、自分の立ち居振る舞いを決定したとは考え難い。実際、時代が下って中世から近世に至る頃になると、社会の中で女性罪障観は古代よりも一層深く広く浸透し、そうした風潮において、自らを卑下し、文字どおり真心から地獄堕ちを恐れた女性たちもいたに違いない。

江戸時代（十八世紀以降）に刊行された書籍のなかには、地獄絵を観る女たちの姿を挿図として描いたものが少なからずある。そのうちの一つ、文化元年（一八〇四）刊行の山東京伝著、喜多武清画『近世《きんせい》奇《き》跡考《せきこう》』所収の図を取り上げてみよう（図５－１）。

三人の御殿女中の前に、絵巻が広げられている。描かれているのは閻魔王庁の場面である。手前向かって右下の熊野比丘尼《くまのびくに》（熊野を本地とする女性遊行者）が絵の解説（絵説き）を行い、それを聴聞しながら二人の女は、立て膝で身を乗り出して画面をみつめている。残る一人は、恐ろしさのためか、涙に暮れている。三人が真剣に地獄絵と対峙しているのは、地獄こそが自分たちの後世に行くべき世界だとの認識が、彼女らの心をとらえていたからであろう。

ただし、見過ごしてはならないのは、

図5-1　熊野比丘尼絵説図
（『近世奇跡考』挿図）

これは現代の写真や現実の記録画ではなく、江戸時代に刊行された読本《よみほん》の挿絵であることだ。この本は男性読者に向けて記されている。男性にとってみれば、地獄絵に強い関心を抱き、ときにはそれに恐怖し涙さえ流す若い女は、実に女性的で弱々しく、それゆえに好ましく愛すべき存在として目に映ったに違いない。地獄絵におびえるのが、同性（男性）ではなく異性（女性）であることは、読者にとって（そして、この絵を描いた絵師にとっても）期待の地平に添うイメージにほかならなかった。

つまり「絵を観る」ということに加えて「絵を観る者を眺める（窃視《せつし》・覗き見する）」欲望を、この挿絵は叶えてくれていよう。「まなざし」が交錯することによって、「見ることの快楽」が増幅されているのだ。この意味で、本図は実際の絵説きの記録《ドキユメント》である以上に、江戸時代の男性が心の内に有していた性的「欲望」の証拠《エビデンス》として読み解かれる。

絵画を歴史資料として用いる場合、絵の中になにが描かれているのかという考察に閉じられるものではなく、誰がその絵を観たのか、どう観たのかという外部の「まなざし」にも目を開かなければならない（加須屋誠「鏡の中の鏡」）。地獄絵のなかの亡者たち、亡者の姿を目にする鑑賞者たち、そして鑑賞者の姿を背後からみつめる他者の視線……こういった重層的な視覚の構造を意識することによって、はじめて絵画は「まなざし」の歴史の実態を語り始めるのである。

西行

次に取り上げるのは、出家者の例である。地獄絵が契機となって出家を遂げたのではなく、仏法に深く帰依《きえ》したのちに地獄絵を目にした者は、それをどう観たのだろう？

佐藤義清《さとうのりきよ》は鳥羽上皇に仕える有能な武士であった。親友の死が契機となった、実らぬ恋ゆえのこと、あるいは切迫した無常観によるものであったなど諸説あるが、二十三歳の若さで突然に出家。法名を西行《さいぎょう》と名乗った。出家ののちは自由に諸所に草庵をいとなみ、しばしば諸国を巡る漂泊の旅に出て、多くの和歌を残したことで知られる。文治六年（一一九〇）二月没、七十三歳。生前に自らの詠んだ歌を集めた歌集『山家集《さんかしゅう》』を編み、没後に『聞書集《ききがきしゅう》』が編まれた。

『聞書集』には「地獄絵を見て」と題された二十七首の西行自作の歌が収められている。

くろがねのつめの剣《つるぎ》のはやきもてかたみに身をもほふるかなしさ

「くろがねのつめ（鉄の爪）」で、亡者同士が身体を切り裂きあう痛ましさを詠《うた》った同歌は、第三章で述べた「互いに敵対心を抱く亡者」をモチーフとしている。このほか「獄卒に切り刻まれる亡者」「刀葉樹」「舌を抜かれる亡者」「大風に吹き飛ばされる亡者」など、『往生要集』に説かれる八大地獄の責め苦を詠んだ歌が「地獄絵を見て」連作には散見される。

そうしたなか、暴力（死）とエロス（性）という観点から注目されるのは、次の一首だ。

なべてなき黒きほむらの苦しみは夜の思ひの報いなるべし

歌意は「比類のない黒い焔に焼かれる苦しみは、夜の思いに対する報いであるに違いない」ということ。

「夜の思い」とはなにか？　それは、現世における夜のいとなみ、すなわち、男女の交わり、性的な欲望の成就を指すものと解釈される。地獄絵を観ることを介して、生前の快楽（夜の思い）が死後の苦しみ（黒い焔）へと反転される心の動きを詠っている。生と死との連環は性の欲動に深く根ざしている。このことに西行は気づき、その心情をこの一首に込めた。

あるいは、次の二首。

あはれみし乳房のことも忘れけり我が悲しみの苦のみおぼえて

たらちをのゆくへを我も知らぬかな同じ焰《ほのお》にむせぶらめども

「乳房」は母の象徴、「たらちを」は父を指す。一首目は「地獄に堕ちた自分自身の悲しみの苦痛ばかりに心とらわれて、私を大切に育ててくれた母のことさえ忘れてしまった」二首目は「同じ地獄の焰にまかれ苦しんでいるにもかかわらず、父はどこへ行ったか、その行方さえ私には知ることができない」といった歌意である。ここでは現世において父母の性的な交わり（夜の思い）から生を受けた我が身であるにもかかわらず、死後にはその父母のことにさえ想いが至らないという苦悩が詠われている。それはすなわち、想いが至らぬことに気づき悩むことによって、父母の存在を西行はあらためて強く意識していることにほかならない。「乳房を忘れる」という表現が艶めかしく、（記憶に確かな）自身の出生と（記憶さえ遠のく）来世の宿命との対照を、くっきりと浮かび上がらせている。

西行は自分自身の感興をこうした歌に込めたのだが、それはまた、この心情を我が歌を読む他の人たちにも共感して欲しいと願ったがゆえのことである。「地獄絵を見て」が長い詞書を含めて連作として成り立っているのは、あたかも地獄絵の絵解きを聴衆に向けて語り聞かせるような口調で統一を図った、西行の創作意図を強く感じさせる。

自分一人ではない、衆生は皆一様にこのような存在として、今を生き、死後に地獄へと向かうのだ――出家者としての西行の、人々に教え諭す姿勢がうかがわれよう。
そして、その上で『聞書集』は「地獄絵を見て」連作に続けて、次の歌を載せる。

死出の山こゆるたえまはあらじかしなくなる人のかずつゞきつ、

西行の後半生は、源平の騒乱の時代であった。源頼朝が伊豆に挙兵した治承四年（一一八〇）、西行は六十三歳。寿永四年（一一八五）壇ノ浦の合戦で平家が滅亡したのは、六十八歳のときのことである。この前後、西行は全国を旅してまわり、戦火を目の当たりにしたに違いない。敵味方を問わず、多くの武士たちが戦死した。彼らのことを想い詠ったのが右の歌だ。加えて、同時期に日本中で饑饉《ききん》が起こり、平安京は大火や大風や地震などに見舞われて、命を落とす男や女や子どもたちも大勢いた。「亡くなる人が、このように次々と続いて、死出の山を越える人の絶え間はありそうもない」との歌意である。

現実の世情の動乱が、歌人の心を開く。そして歌人が詠う歌に、現実を超えた地獄の様相のイメージが投影される。それがまた、人々へと伝達され、彼らの心に浸透していったのである。

幻想の地獄絵は、人為的な暴力や自然の猛威あるいは心の内の憂患を映し出す鏡のごときものであると、あらためて思い知らされるだろう。

後白河法皇

最後に取り上げるのは、天皇がどのような「まなざし」を地獄絵に向けたかである。

仏教伝来以降の日本の歴史は概ね、飛鳥・奈良・平安時代までが「古代」、鎌倉・室町・安土桃山時代が「中世」と分けられる。天皇家を核に政治・文化が発展した古代、その最後の帝王が、後白河法皇《ごしらかわほうおう》である。

後白河は鳥羽法皇の第四皇子。異母弟の近衛天皇が若くして急死したため、皇位に就くことができた。次代の二条天皇へ継承するための、いわば中継ぎ的な役回りとして天皇となったのだが、しかし、後白河は退位ののちも上皇・法皇として長きにわたって、政治の実権を握り続けた。保元元年（一一五六）荘園整理令を打ち出し、翌年には内裏を新造、さらに院御所として法住寺殿の造営に着手し、そこに長寛二年（一一六四）蓮華王院（現在、三十三間堂の名前で呼ばれる）を建立するなどした。

美術史上で注目されるのは、「年中行事絵巻」制作を命じたことである。新造された内裏では、古来の伝統的な儀式が再興されたが、この絵巻には一年間を通じて宮廷や貴族たちが行う儀式・法会・神事・遊楽などが、余すところなく記録されている。原本は江戸時代

（十七世紀）に焼失したが、模本が今に伝わる。それを観ると、儀式の次第ばかりでなく、それを見物するために集まった平安京内の市井《しせい》の人々の喧噪の様子も、細やかに描写されている。後白河は、自身が統治する世情全般を絵巻に写し、それを掌中にて広げてみることにより、自身がこの国を治める王者であること、すなわち、権力者としての自尊心を満たしたものと推察される。

承安年間（一一七一〜七五）「年中行事絵巻」制作が進められていたのと平行して、後白河の妃・建春門院《けんしゅんもんいん》（平滋子《しげこ》）は、法住寺殿の一角に新たに御堂を建立した。「最勝光院《さいしょうこういん》」と称される仏堂と御所とを兼ね備えた建物である。

建設の途中、一つの問題が生じた。この御堂の障子絵に法華経絵や仏像と並んで「地獄の類」を描くことが計画されていたのだが、はたしてそれは許されることなのか？　女院御願の堂舎に陰惨な地獄絵を飾るのは避けるべきではないかと後白河の近臣たちは危惧したのである。そこで、最勝光院建立の責任者であった吉田経房《よしだつねふさ》は、その点を後白河に確認した。はたしてそれに対する後白河の返事は「まったく遠慮することはない」であった（『吉記《きつき》』承安三年七月九日条）。この発言から、後白河にとって、地獄絵は恐れたり嫌悪したりする対象では決してなかったことがうかがえる。

それればかりか、これもおそらく承安の頃、後白河は自ら進んで六道絵巻の制作を企図したのだった。先にも述べたが、「六道」とは仏典に説かれる地獄・餓鬼・畜生・阿修羅・人・天の六つの世界を指す。各世界に数巻ずつを当てた長大な絵巻の制作を、後白河は望んだのである。現存する国宝の「地獄草紙」（東京国立博物館・奈良国立博物館ほか蔵）、「餓鬼草紙」（東京国立博物館・京都国立博物館ほか蔵）、「病草紙（人道を病気によって象徴的に描いたもの）」（京都国立博物館・九州国立博物館ほか蔵）などが、このとき制作された作品である（家永三郎編『地獄草紙・餓鬼草紙・病草紙（新修日本絵巻物全集）』）。

なぜ後白河は六道絵巻の制作を思い立ったのだろうか？

それは敬虔《けいけん》な宗教心や、ましてや自らの罪障を悔い改めるためではなかった。むしろ、「年中行事絵巻」制作と同じような心理が働いてのことであったかと思われる。すなわち、法皇という自らの権力的な立場から「現世のみならず、来世もすべて自分の目で眺めてみたい」という絶対的支配者の心境である。

後白河は、仏教的宇宙の全体像を視野にとらえることによって、政治的な王権のみならず、宗教的にも最高位に自らが君臨していることを、絵巻の中に見て取りたかった。後白河は、広く宇宙を我が物として、みつめてみたかったのではあるまいか。「まなざし」に込められた権力的な欲望が、彼を絵巻制作へと向かわせたと推察される。

「見る」こと、それはすなわち「支配する」ことに通じる。

後白河が政治に携わったのは、平家一門が台頭そして没落を経て、それと代わるように木曾義仲、源義経、そして源頼朝といった武士階級の者たちが次々と、彼の目前に現れた時代であった。古代最後の帝王である後白河は、そうした新興勢力との対峙、それと粘り強い交渉を余儀なくされた。後白河にとってみれば、現実世界は必ずしも安定したものではなく、自らの実権が脅かされるかもしれないという危機感を常に孕《はら》んだものであった。だからこそ、かえって後白河は、「まなざし」を介して自らが十全に権力を発動できる虚構空間の構築という目的から、絵巻制作に並々ならぬ強い関心を抱いた。

後白河が若い頃から晩年まで、終生変わらず今様《いまよう》(当時の流行歌)に熱中したのも、彼がリベラルな庶民派の王だからではなく、むしろ逆に、古代の絶対王権を継承した者であることを自ら認め、他者にも認めさせるために、その道の大成者として君臨しようとしたものと推察される。和歌や管絃ではなく今様を選んだのは、後白河の個性ゆえである。承安四年(一一七四)、後白河は法住寺殿に身分上下を問わず大勢の人々を集めて、自慢の歌声を披露した。人前に出る=「見せる」ことを通じて権力を可視化し、そのことにより自己陶酔し、満面の笑みを浮かべる、このときの後白河の表情が目に浮かぶようである。

「見せる」こともまた、「支配する」ための一つの政治手法であった。

そうであるなら、後白河はきっと六道絵巻を近臣たちに見せたに違いない。「年中行事絵巻」と同じく、六道絵巻もまた後白河が建立した蓮華王院の宝蔵に納められ、大切に保管されたことが知られる。そして、後白河没後のことだが、鎌倉時代（十三世紀）には後堀河上皇、室町時代（十四世紀）には洞院公定、足利義教、後崇光院などが、この作品を目にしたことも記録上で確認できる（加須屋誠「総論 病草紙」『病草紙』）。彼らはいずれも、地獄絵を恐れはしなかった。むしろ、古代最後の権力者であった後白河に対して追慕と敬意の念を込めて、積極的にそれを鑑賞・賞翫《しょうがん》したものと推察される。

＊　＊　＊

このようにして、地獄絵を観る者たちは、古代から中世そしてさらに近世・近代へと続いていく。長い歴史の中で、現代を生きる私たちはその末端（最先端）に位置する鑑賞者なのである。

菅原道真・尊意僧正・清少納言・西行・後白河法皇……彼らはそれぞれ個性的な視点から地獄絵に向き合った。あなたは、彼らと自分とは絵の見方が全く違うと感じただろうか、それとも、このうちの誰かに共感しつつ、地獄絵と向き合っているだろうか？　いずれにせよ、様々な想いを胸の内に秘めて、地獄絵をみつめていたのは、あなた一人ではないのだ。作者と作品の歴史から鑑賞者の歴史へと地獄絵をとらえ直してみる。それを通じて、あらためて自らの「まなざし」の方向性と深度を探ってみよう。このことは、今現在を生きるあなたや私の心の在り方や生き方を知る上で、まことに意義ある省察と云えるのではないだろうか。

「まなざし」に照らし出されて浮かび上がる、あなたが隠しておきたい羞恥心、支配欲、暴力や性的な欲動こそが、地獄絵には描き出されているのだから。

第六章　地獄からの生還者たち

臨死体験と社寺縁起

この章では現世で死を迎え、地獄に堕ち、そののち生き返った者たちを紹介、考察する。彼らは「地獄絵」ではなく、直接「地獄」の様相を目にしてきたのだ。

現代では医学が高度な進歩を遂げ、かつてであれば死を免れることができなかった者が治癒するようになった。心肺停止、仮死状態に陥った重篤《じゅうとく》な病人たちは、死の淵を覗き込んだのであり、彼らのなかにはいわゆる「臨死体験」を語る者が少なからずいる。彼らの証言は、よく知られている。いわく「暗いトンネルのようなところを通った」「まばゆいばかりの光に包まれた」「自分の魂が肉体を離れて、中空へと飛翔を遂げた」など、そうした言説は世界中から伝えられる。

今ほど医学が発達していなかった時代、ほんの小さな病気が原因で、あるいは流行病をくい止めるすべもなく、亡くなる人の数は膨大であったに違いない。しかし、その一方で、医療技術の未熟さゆえに生と死の判別が必ずしも明確ではなかった。そのため、周囲の者からは死去したとみなされたとしても、実はまだ生きていて、やがて意識が戻り、病気が治り元の生活を取り戻す者も数多くいたと思われる。彼らもまた、広義の言い方をするならば、臨死体験者と称することができよう。

しかし、今日の臨死体験者とかつての彼らとの間には決定的な違いがある。

今日語られるところの臨死体験が個体的、感覚的であるのに対して、古い時代の臨死体験は、多くの場合、当時の人々が共有していた集団的、物語的なイメージに即して語られた。すなわち、地獄からの蘇生というストーリーに沿って体験が規定されているのである。

それは一体何故だろう？

最も大きな理由は、現代の私たちが知り得る過去の人たちの事例は、かつて社会的な要請を受けて、脚色化がはかられているからだ。

それは、社寺の宣伝のなかに取り込まれたエピソードとして語り継がれたものであった。神社や寺院は、それぞれが奉る神や仏の霊験あらたかなることを吹聴する目的から、社寺が古い由緒を有すること、神仏が特殊な神秘的な力を内に秘めていること、そして神仏にすがることによって信者は苦難に遭ったとしても救われることを広く宣伝した。「社寺縁起」と称されるものに、こうした宣伝要素が含まれる（奈良国立博物館編『社寺縁起絵』）。縁起の流布によって、信者の数を増やし、それによって寄進やお布施を少しでも多く得られるようにと、各地の社寺は創意工夫を凝らしたのである。そうしたプログラムにおいて、一旦死んで地獄に堕ちた者が生き返る話は、神仏による利益をもっとも明快に示し、人々の心に響くエピソードとして、たびたび取り上げられてきた。

ただし、そうした古い時代の話をすべて社寺の宣伝のためのまやかし・嘘・偽りであると退けてしまうことは、慎まなければならない。社寺が主導して語る臨死体験（地獄からの蘇生の話）が、信者獲得のための有効な宣伝となり得たのは、ひるがえって云えば、かつて人々が死後の世界の実在を確信していたからにほかならない。

語られた臨死体験を事実として認める社会通念が、当時の人々の間では一人ひとりの心のなかで主体的に共有されていた。この種の話に積極的に関心を抱き、それを聞くこと、あるいはそれを描いた絵画を観ることは、生きる者にとって自分自身の将来、死後に訪れるであろう冥界の様子を知る上で、重要な情報源であった。抽象的で難解な仏典の経句よりも、具体的で平易な体験談の方が、人々の心に深く浸透しやすかったのだ。

本章で以下に提示する「地獄から生還する者たち」の話は、いずれも生還者本人の語る事実の記録《ドキユメント》ではない。しかし、かつて生活のなかで信仰が重要な役割を果たしていた時代の多くの人々の心の在り方――彼らがなにを信じ、なにを望んでいたのか――を理解する上での証拠《エビデンス》として、きわめて重要な意味をもつ。

それらを荒唐無稽な話として退けるのではなく、語られる内容、描かれた絵画に真摯に耳と目を傾けてみるなら、そこに今日の私たちは、時代による文化の相違あるいは時代が異なれども共感できる普遍的な死生観について、なにかを発見できる可能性があると思われる。

それでは、個別の事例を探ってみよう。

狛行光

狛行光《こまのゆきみつ》は興福寺に所属する舞人であった。興福寺と春日大社とは隣接し、どちらも藤原氏の氏寺・氏神であったことから、行光は春日大社にでかけては、社頭にて舞を奉納した。それが何年も続けられた。あるとき重病にかかり、行光は亡くなってしまう。死してのち、ふと気がつくと閻魔王庁にいた。驚き慌てていると、そこに見るからに高貴な人物が一人あらわれる。閻魔王はこの人物を、とても丁寧にもてなしているようだった。彼は閻魔王に向かって「この行光という男は、自分に忠節深い者だ。だから、私に免じて許してやるわけにはいかないだろうか」と語った。閻魔王はこの要請を受け入れた。行光は喜んだ。そして「あなたは一体どなたなのでしょう」と高貴な人に問いかけた。彼は答える――「私は春日大明神である」と。そして「行光よ、はるばる彼《か》の地まで来たのだから、地獄を見物していくか？」との言葉をかけられた。こうして、行光は死なずして地獄を見て回ることが許されたのである――以上は「春日権現験記絵」模本巻六に語られるところである。

この絵巻の、当該の場面を観てみよう（次頁・図6－1、2）。

図6-1　春日権現験記絵模本（巻六・閻魔王庁）東京国立博物館

図6-2　春日権現験記絵模本（巻六・地獄の光景）東京国立博物館

図6－1は、許された行光が春日明神に導かれて閻魔王庁をあとにするところ。裸で小身の行光と比較して、明神は衣冠束帯姿で大きく立派に描かれている。明神がこちら側を向かず、背中を見せているのは「神の表情は畏れおおくて直視することができない」という絵師（および同絵巻の鑑賞者）の心を在り方を、よく示しているものと読み解かれる。

図6－2は、春日明神に連れられて行光が地獄見物に出向いた場面。明神が笏で指し示す方向に目を向けると、そこには第三章で言及した「鉄の縄を渡ろうとする亡者」の姿が描かれている。これは、黒縄地獄の光景である。その左方には手に弓矢や棍棒を持った獄卒に裸の亡者が追いかけられるところ。「春日権現験記絵」には、このほか「釜ゆでになる亡者」「口に溶銅を流し込まれる亡者」「舌を抜かれる亡者」「刀葉樹」など八大地獄の責め苦が描き込まれている。平安時代（十世紀）に源信が撰述した『往生要集』に説かれる地獄の風景を、この場面にも見出すことができる。同種の図様は、奈良・東大寺知足院本堂の厨子扉絵にも描かれており、鎌倉時代（十三〜十四世紀）には京都から奈良へと、源信の説くところが伝播《でんぱ》していたことが知られる。比叡山で育まれた思想（天台宗の教義）は春日大社や東大寺（南都仏教）においても、時間をかけて受容された。さらに京都や奈良のみならず、日本各地の人々にとって地獄のイメージは広く知られるようになった。中世の人々の間では、地獄の幻想は深く共有されていたことがうかがえる。

「春日権現験記絵」に視線を戻してみよう。

地獄を目の当たりにした行光は、震えおののき、春日明神に「どうすれば、このような恐ろしい場所に堕ちずにいられましょうか？」と問うと、明神はこう答えている。「父母に孝行をすべきである。親孝行は最高の功徳《くどく》である。もしその功徳を積むならば、地獄に堕ちることはない」と。

この言葉は源信の『往生要集』には見出せない。孝行の推奨は、儒教的な理念といえる。それについて、神道の中核にあるといってよい春日明神が語っているのは、興味深い。「子は親への孝養に尽くすべし」という規範を拡張すれば、臣下は君主に仕え、武士は棟梁《とうりよう》に服従し、聖職者や信者は神仏に深く帰依することへと繋がっていく。この言葉の背後には、思想や信仰の違いを超えて、この当時の人々が日々の生活の中でなにを正しい行為とみなしていたのか、社会的規範の枠組みが示されていると読み解かれる。

上下関係や主従関係を遵守することが、現実生活を支える基本ルールだったのである。

武者所康成

もう一人、奈良に住んでいた男の事例を取り上げよう。

大和国《やまとのくに》宇智郡桜井郷の住人・武者所康成《むしやどころやすなり》は武士であったが、戦争のないときには、猪などの狩りをする猟師でもあった。幼い頃に父親を亡くしたが、のちに母親は再婚。再婚相手の男と康成は不仲で、男は康成に対して日頃から冷淡な態度をとっていた。康成はそれに我慢ならず、ある夜、男を殺害しようと企てた。ところが、暗闇のなか誤って母を殺してしまう。日頃の猟師としての殺生に加えて、母親を殺めるという大罪を犯した康成は、深い後悔の念にとらわれた。そこで悔い改めて六〜七年間にわたって毎月、矢田寺に詣《もう》でては、寺に奉られていた地蔵菩薩の供養を行った。そののち康成自身は病を得て、臨終を迎える。獄卒たちに連行されて、康成は無間地獄で釜ゆでの刑に処されることになった。死後、そのとき、矢田寺の地蔵菩薩が現れて、彼を釜から救い出してくれたのである。死後三日を経て、康成は生き返り、このことを語った――これについては奈良・矢田寺蔵の掛幅形式の「矢田地蔵縁起」第二幅、京都・矢田寺蔵の絵巻形式の『矢田地蔵縁起』巻下に描かれている。

鎌倉時代（十四世紀）制作の京都・矢田寺蔵の絵巻に描かれた当該の場面を観てみよう（図6－3）。

煮えたぎる釜の中にいる康成を、まさに地蔵菩薩が救い出そうとする、その一瞬が描写されている。康成は目を見開き驚きの表情をみせ、地蔵は慈悲深い顔で彼をみつめて手を伸ばす。両者が視線をあわせることで、救済の瞬間がドラマティックに表現されていよう。闇

図6-3　矢田地蔵縁起（巻下・武者所康成の救済）京都・矢田寺蔵

魔王が男性的・父権的であるのに対して、慈愛に満ちた地蔵菩薩は女性的・母性的なイメージで表象されている。

親への孝養が第一であるとするのが社会通念であった時代、血の繋がった実の母親を殺した男でさえ、矢田地蔵は優しく救いの手を差し伸べてくれたのである。このことから、矢田地蔵の霊験の高さが知られよう。今も奈良・矢田寺には平安前期（九世紀）作の地蔵菩薩像が奉られている。康成が拝したのは、この尊像であったかと想像される。

地蔵菩薩は六道衆生の救済者、とくに地獄に堕ちた人を救ってくれる存在として、古くから信仰を集めていた。「矢田地蔵縁起」のみならず、地蔵の霊験あらたかなることを語る説話や絵巻のたぐいは日本各地に数多く伝えられている（眞鍋廣済・梅津次郎編『地蔵霊験記絵詞集（古典文庫）』）。

地蔵による地獄からの救済を主題とした絵巻を、もう一つ紹介しよう。

万治三年（一六六〇）狩野探幽《かのうたんゆう》が古画を写して描いた「地蔵縁起」。この作品は、京都国立博物館蔵『探幽縮図』に収録されている。そこには、次のような話が語られる――京都・西山法花寺の近く「みそうつさか」という所に地蔵尊像が奉られていた。或る男は、寺を参詣した際には必ずこの尊像の前で手を合わせ、熱心に拝んでいた。男が亡くなったときのこと、冥界にて地獄へと続く道をとぼとぼと歩いていると、三途の川を渡ったところで、男はこの地蔵尊と出逢う。地蔵尊は男に宝珠を与えて「これを持っていれば、道を引き返すことができる」と語るので、男は頼もしく思って道を引き返した。すると、心が軽くなって、気がつくと生き返っていたという。

この話には続きがある。蘇生した男に対して、周囲の人は問いかけた――「地蔵菩薩はいろいろな寺院に奉られているのに、なぜお前はとりわけ『みそうつさか』の地蔵尊像を選んで、篤く信仰したのか」と。男は答えた――「他のお地蔵さまよりも、姿かたちが美しかったので、私はこの地蔵尊像を敬ったのです」と。

ご利益ばかりを期待して寺社に参詣することが重要なのではない。仏像を「美しい」と思う素朴な感性が篤い信仰心を呼び覚まし、ひいては地獄からの救済へと導いてくれることを、この話は教え諭している。

かつて信仰心は、高尚で抽象的な教義によるものでも、目先の現世利益を求めるがゆえでもなく、美しい仏像など具体的なイメージによって高められるのが理想であった。しかし、それは言い換えるならば、信仰の名の下に、宗派の教義を厳格に守り、現実的な効験を期待する人も、実際には少なからずいたであろうことを、この話は想定させる。

北白川の下僧の妻

平安時代(十二世紀)に良忍が開いた融通念仏宗は、人々が「名帳《みようちよう》」と称されるノートに名を記して同志となり、心を合わせて念仏を唱えることを勧める。個人の信心ではなく、集団の功徳を互いに融通し合うことにより、同志全員が利益を得られると説いたのである。人は「個」として生きるのではない。他者との「連帯」によって救われるのだという考え方が社会の共感を生み、鎌倉時代(十三世紀)以降、貴賤上下を問わず多くの信者を集めた。鎌倉時代から室町時代(十三〜十五世紀)にかけては、天皇家や室町将軍家が「融通念仏縁起」と称される絵巻の制作に何度も関わっている。

そのうちの一つ、応永二十四年(一四一七)制作の京都・清凉寺蔵「融通念仏縁起」下巻を観てみよう。

あるとき、牛の飼育に携わっていた者の妻が妊娠。しかし、難産のためもはや命を落と

すかと思われたが、融通念仏信仰によって、無事に赤子を出産した。これを見聞した者たちは、念仏の効き目の大きさに感動し、こぞって融通念仏宗に帰依した。その数、二百七十二人にも及んだと云われる。

これに続く話——またあるとき、京都・北白川に住む身分の低い僧の妻が急死した。この女は閻魔王庁へと連行されたが、生前に念仏三千回を唱える人々の輪に加わったことがあったため、女は冥界から帰された。場面を観ると、信心深い女を間違って地獄へと連れてきてしまったことに、困惑の表情を見せる閻魔王の様子、許されて現世へと戻った女が、死んでいたはずなのに息を吹き返したのに気づき、驚き喜ぶ周囲の人たちの様子が描かれている（図6－4）。生き返った女を一目見ようと、老若男女や僧侶までもが駆け寄っていく様が、彼ら一同の驚嘆と感動を示す。それはまた、人々が生死の境界を行き来する者に対して、心から強

図6-4　融通念仏縁起（巻下・北白川の下僧の妻の救済）京都・清凉寺蔵

い関心と敬意を払っていたことを示しているようで、興味深い。

このことから、融通念仏は人の出産にも死没にも、どちらにも大きな力を発揮したことがうかがえる。まさに「ゆりかごから墓場まで」人々を救済してくれるのである。現代日本の行政によるいささか怠慢な社会保険制度と比べても、融通念仏は宗教的な大規模互助システムとして有効に機能すると、当時信じられていたことが知られよう。

この時代にあって、融通念仏への信頼は絶大であった。その力を頼んで、人間のみならず北斗七星など天空の星々、梵天や帝釈天や四天王など仏界の聖なる者たち、あるいは人々に災いをもたらす疫病神《えきびょうしん》までもが、名帳に名を記したと伝えられている。自己も他者も、生者も死者も、聖なる者も邪悪なる者も、すべてを包括して救いの手を差し伸べてくれるのである。

このエピソードは、善悪の世俗的価値観を超えた宇宙的な次元に念仏が位置づけられること、それが生死の分かれ道で救済をもたらしてくれることを示している。

証空

地獄の刑から人を救ってくれるのは、地蔵や念仏に限らない。浄土教のみならず、密教の尊格もまた手を差し伸べてくれるのだ。

東京国立博物館蔵「不動利益縁起」は鎌倉時代（十四世紀）制作の絵巻物。その名のとおり、不動明王が授けてくれる利益（恩恵）を描いた作品である。決して絵が上手でもなければ派手な色合いの遺品でもないため、これまで美術史の研究でもあまり注目されてこなかった。しかし、地獄堕ちを免れることをテーマとする絵巻としては、これもなかなか面白い。

話の内容は次のとおり――三井寺《みいでら》の智興《ちこう》という僧侶が病にかかった。愛弟子《まなでし》の証空《しょうくう》は、その苦しみを察して、自分が師匠の身代わりになって死ぬことを決意する。決意に当たって、母のもとを訪れ「親に先立つ不孝を許して欲しい」と懇願する。それを聞いた母は、悲嘆にくれる。師匠に代わって病の床についた証空は、苦しみのなか、年来信仰していた不動明王に対して一心に祈念する。すると、師や親に対する証空の情けの深さを察したからか、病床近くに懸けてあった不動明王画像の忿怒の目から涙がこぼれ落ちた。そして

「お前は師匠の身代わりになる決意をした。ならば、私がお前に代わって冥界に赴かん」と云う不動明王の声が聞こえた。そのとき、壁に懸けてあった不動の画像がはらりと落下したのであった。場面変わって、地獄の入り口。両手を縛られた不動明王が獄卒たちに引っ立てられて閻魔王庁の門をくぐる。庁内にいた閻魔王と冥官たちは、人間ではなく不動明王の到来に驚き慌てる。いかに閻魔王の力が大きいとはいえ、仏を守護する不動明王を地獄に堕とすわけにはいかない。縄を解かれた不動明王は眷属《けんぞく》たちを連れて、雲に乗り、意気揚々と地獄をあとにしたのであった。

次頁掲載の図は、いままさしく不動明王が閻魔王庁へと到着した場面だ（図6―5）。両手を縛られながらも、頭頂および身体から焔を発して、威厳を示す不動明王。対して、獄卒や冥官は平身低頭して、明王を仰ぎ見る。閻魔王も腰を曲げ、拱手《きょうしゅ》（両手を胸の前で合わせて敬意を表する）の仕草をみせている。

中世の人々の感覚としては、閻魔王は確かに恐ろしいが、それ以上に不動明王の威力は強大であるとする見方があったことを、本作品は示していよう。同種の絵巻の遺品に室町時代（十六世紀）制作の京都・清浄華院蔵「泣不動縁起」があり、また『発心集』『宝物集』『元亨釈書』などにも同じ内容の説話が収録されている。このことから、閻魔王と不動明王のどちらが強いか、両者の力関係が世間に広く周知されていたことがうかがわれる。

閻魔王よりももっと威力ある聖なる尊格がいてくれる。加えて、その威力は師匠への愛情や親への孝行心など、各人の心の在り方や善なる行動によって導き出される。そういった思考が、この説話の根幹を支えている。しかし、一旦は不動明王でさえ地獄に堕ちるという場面を描くことにより、この説話にはドラマティックな展開が付け加えられた。

地獄の冥官たちが身を小さくして頭を下げる姿は、まるでただの隠居老人かと思って侮っていたら、実は水戸のご老公（徳川《とくがわ》光圀《みつくに》）であったことが分かったときの、悪人たちの姿のようである。それは、現実の生活において権力に虐《しいた》げられた人々にとって、心地よい共感を呼び起こすイメージで

図6-5　不動利益縁起（閻魔王庁）東京国立博物館蔵

あったに違いない。

白杖童子

香川県・志度寺は真言宗の古刹《こさつ》で、四国八十八箇所霊場の第八十六番札所。能楽の『海士《あま》』で知られる「海女の玉取り伝説」の寺として有名である。ここには南北朝時代（十四世紀）に制作された掛幅形式の「志度寺縁起」と称される絵画が伝えられている。この作品にも地獄から生還した者の説話が描かれている。同寺には、絵画とほぼ同時期に書写されたかと推定される「白杖《しろつえ》童子縁起《どうじえんぎ》」一巻が伝わる（梅津次郎「志度寺絵縁起について」、和田茂樹・友久武文・竹本宏夫編『瀬戸内寺社縁起集（中世文芸叢書）』）。これをたよりに、絵画を読み解いてみよう。

白杖童子は貧乏であった。衣食にさえ不自由する生活で、妻をめとるなど到底できはしない。馬借（馬で荷物を運搬する輸送業者）で日銭を稼ぎ、なんとか生計を立て一人寂しく暮らしていた。よるべない日々の生活を省みて、童子は世の無常を感じるに至った。そこで、仏堂を建立したいとの大願を立てたものの、お金がなくては、それも叶わずにいた。叶わぬままに、白杖童子は死を迎える。そして閻魔王庁へと引き出された。倶生神の記録に「この男は生前、仏堂建立の願いを持っていた」と記されているのを見た閻魔王は「讃岐国の志度寺は我が氏寺である。ここに一堂を建立して欲しい。そうであれば、生き返らせてやろう」と語った。地獄からの帰り道、白杖童子は一人の美しい娘が獄卒によって閻魔王庁へと引き立てられていくのに出逢う。娘を哀れに思った童子は「この女と力を合わせて、仏堂建立を実現させたい」と閻魔王に願い出る。王はそれを許し、童子と女は共に生還することに決まった。ただし、現世においてすぐに会うことはできない。二人は別れ際、歌を詠みかわした。

おぼつかな何時《いつ》をたのまん三年《みとせ》とは鶯《うぐいす》の声鹿の初音か（女）
四方《よも》の山霞《かす》める空はいかならむ荻《おぎ》の上風萩《はぎ》の下露（白杖童子）

蘇生してから三年の春秋を経た後に再会することを、二人は固く約束したのである。女は讃岐国一番の長者の娘であった。生き返った娘に対して、父親の長者は多くの縁談を勧めたが、娘はすべて拒絶した。地獄での出来事を忘れていなかったからである。三年後、娘は白杖童子との再会を果たす。そして、二人は結ばれる。夫婦となった二人は、閻魔王からの依頼にしたがって、仏堂を建立。そして、盛大な法会を催したと云う。

次頁に掲載したのは、物語の発端の閻魔王庁の場面である（図6―6）。

画面下方に描かれているのは、地獄から帰ろうとする白杖童子と長者の娘とが出逢ったところ。その上方では、二人並んで閻魔王からの仏堂建立の依頼を聞かされるところが描かれている。

この説話で特徴的なのは、単に地獄から生き返ったことのみを幸いとみなしているのではないことである。地獄からの生還は確かに悦《よろこ》ばしい。しかも、それに加えて白杖童子は貧乏暮らしから一転、長者の娘と結ばれる。そして生前からの願いであった仏堂建立を果たすことができた。この点が重要である。

白杖童子にとって、冥界へと赴くことは人生を変えることであった。一度死ぬことを通じて、それまでの運気が変わり、貧乏で孤独な生活から裕福な結婚と大願の成就へと人生が一新したのである。

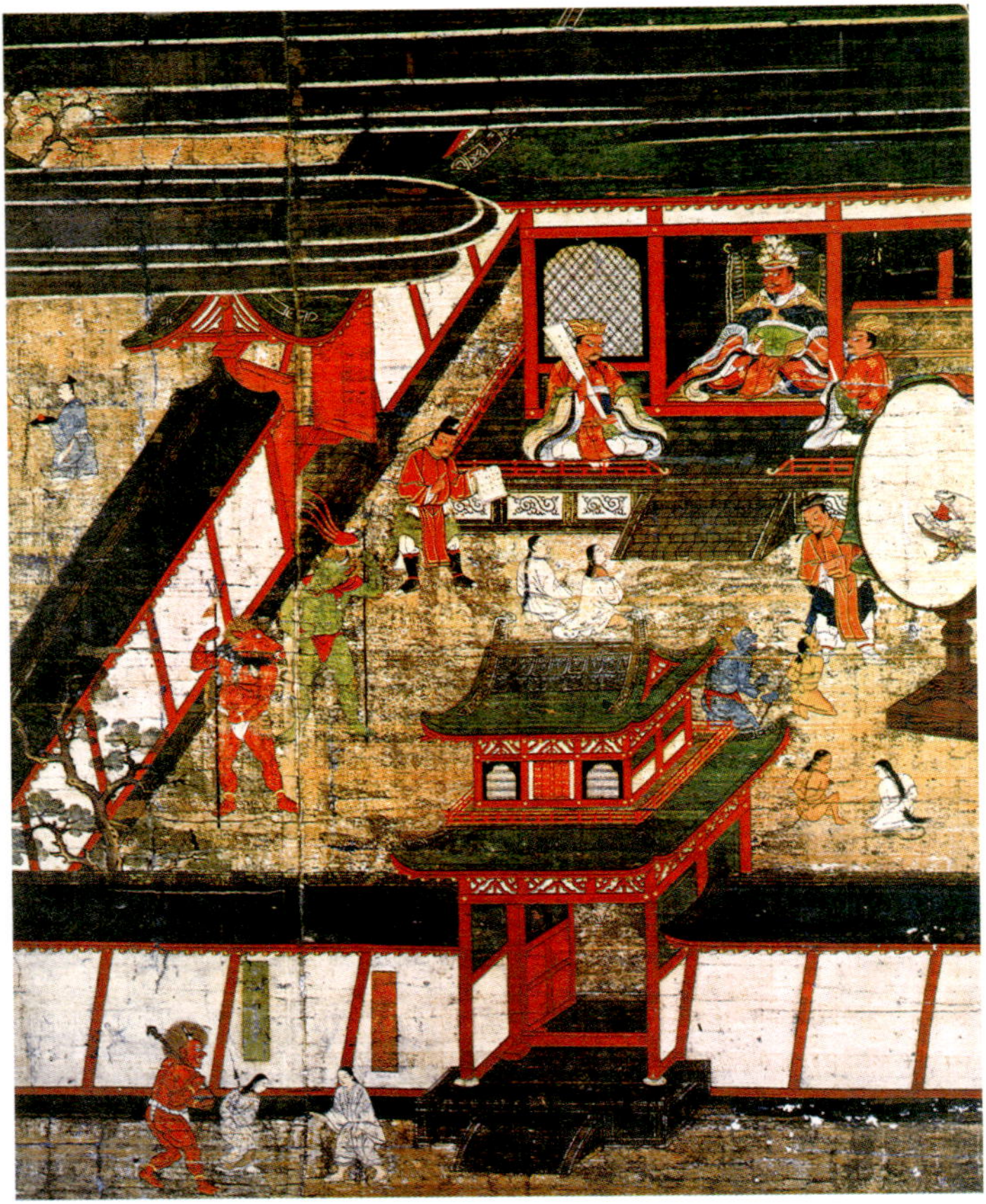

図6-6　志度寺縁起（第四幅・閻魔王庁）香川・志度寺蔵

現世と地獄の往還は、いうなれば「通過儀礼《イニシエーション》」であり、これを経て、人は目的を成就することができる。この説話では、死の恐怖が反転されて、幸福が約束される場所として、地獄は位置づけられているととらえられよう。すなわち、人の心のうちにある暴力とエロスの欲動（快楽原則）は後退し、代わって、資産の獲得や娘との結婚といった人生の幸福の追求（現実原則）が前景化された物語として、この話は読み解かれる。白杖童子は無謀に快楽を追い求めたがゆえに地獄堕ちしたわけではなく、地獄堕ちをしたがゆえに現実の幸せを堅実に手に入れることができたのだ。

＊　＊　＊

以上、狛行光から白杖童子まで、地獄からの生還者たちの話を追っていくと、当初は地獄に満ち溢れていた潜在的エネルギーは減退し、顕在的な現世の幸福を得るための背景へと地獄が矮小化《わいしょうか》されていることがうかがわれる。暴力とエロスが奔放に発現できる場所としての地獄は、社寺縁起の語りのうちには鮮明には認め難い。むしろ、そういった地獄さえをも抑え込む神仏の威力に明確な焦点が当てられる。要するに、それぞれの社寺に奉られた神仏によって、閻魔王の領土である地獄が侵犯される物語として、社寺縁起は読み解くことができるだろう。

社寺縁起に説かれる臨死体験の話では、一人ひとりの心の内にある欲動は無視され抑圧され、それに代わって、現実社会の一員として蘇生復活すること、それにより死に臨んだ者も生きる者も共に社会集団の安定と繁栄を築くことが重要視されているのである。

前章までの考察を振り返ってみれば、人々が悪行をなしたり、心に邪念を抱いたりするからこそ、地獄には存在意義があった。それゆえ、個人よりも集団の維持が重視され、一人ひとりの欲動の発現を社会が認めなくなることは、地獄を衰退へと導くことになる。

次章では地獄の衰退について、語ることにしよう。そして、それにもかかわらず、地獄は決して滅びることなく、近代になってからも私たちの心のなかで実は命脈を保ち続けていることについて、最後に述べることにしたい。

第七章　地獄の衰退と復興

地獄を征服する仏たち

京都・十念寺蔵「仏鬼軍絵巻《ふっきぐんえまき》」は、第一章に登場した一休宗純の手で作られたと、古くから言い伝えられている。しかし、それは史実ではなく、どうやら伝説であるようだ。絵画の技法や様式から判断して、本作品は一休没後の室町時代（十六世紀）の制作と思われる。ただし、風狂の精神に溢れる一休に仮託されるにふさわしい、とても不思議な話が記し描かれる。現存する十念寺蔵の絵巻では巻頭部の詞書が失われているが、京都大学文学部印度哲学研究室所蔵の写本に、その欠失部分が見出され、話の全容がほぼわかるようになった（『京都大学蔵むろまちものがたり』）。それをたよりに、まずはこの話の概要を紹介しよう。

極楽の阿弥陀如来は「閻魔王を追い落として、極楽を地獄に移さん」とする計画の実効性について、知恵者である文殊《もんじゅ》菩薩に尋ねる。文殊は天台宗・華厳宗・真言宗・法相宗《ほっそうしゅう》・三論宗など様々な宗派の教義を引き合いに出し「昔は地獄も極楽も大日如来の領土であった」と返答。これを承けて、阿弥陀は地獄を征服することを決意した。ところが、極楽の聖衆は管絃ばかりが得意で、弓矢を執ることは不得手である。そこで、大日如来に助けを乞う。大日は西方の大将として阿弥陀如来、東方に薬師如来、南方に宝生如来、北方に釈迦如来を任命し、さらに密教の両界曼荼羅の諸尊たちと力をあわせて戦《いくさ》をするべし、と勅定を下された。

これを伝え聞いて驚いた閻魔王は、「昔から穢れた現実界と聖なる仏界は別である。さらに現実界を通り越し、地獄までも仏が支配することなどあってはならない」と反論。近頃の現実世界では「南無阿弥陀仏」と念仏を唱えさえすれば、人は皆、極楽に往生できるなどと宣伝し、悔い改めもせず悪行を犯す衆生が多い。地獄の存在意義が問われているとして、仏たちと一戦を交えることを決意。これを承けて、地獄の冥官たちは戦いの準備を始めた。

こうして、仏たちと地獄の軍勢とは戦争に突入した。東西南北の戦場にて激しい闘争がくりひろげられたが、七日七夜たっても決着がつかない。このことを聞いた大日は、自らが統治する密厳浄土よりさらに大勢の兵を遣わした。その数、金剛界曼荼羅から七百余尊、胎蔵界曼荼羅から五百余尊。不動明王《ふどうみょうおう》・大威徳明王《だいいとくみょうおう》・金剛夜叉明王《こんごうやしゃみょうおう》も仏の軍勢に参加。その結果、閻魔王庁は炎上。地獄は仏の浄土と化したのであった。

仏たちがしかけた戦争により、地獄は征服されたのである。

仏は「善」であり、閻魔王をはじめとする冥官や獄卒たちは「悪」であるととらえるなら、これは勧善懲悪の物語として、素朴に受容されよう。しかし、果たしてそれで良いのか？　私はどうも腑に落ちない。その理由は三つある。

まず第一に、仏たちが自ら進んで戦争をしかけようと発案したことが挙げられる。本来、仏は慈悲を重んじるはずの存在であり、自らの領土拡大のために、力にまかせて他国の征服を目論むのはいかがなものか。物語の発端から、仏は「善」であることから逸脱している。

また第二に、確かに文殊菩薩が語るように、種々の宗派の教義のうちには「地獄と極楽は一所なり」との言説が見出される。しかし、本書でも度々引用してきた『正法念処経』はじめ少なからぬ経典には、地獄について詳しい記述がみられる。源信撰述『往生要集』も、地獄や現世など「穢土《えど》」と仏たちの統治する「浄土」とを明確に区別して説いている。仏教教理上でも、仏の世界と地獄の存在は別個に認められているのである。

そして第三に、戦争終結後、最終的に浄土と化した地獄は両界曼荼羅の八葉蓮華《はちようれんげ》のかたちをなしていた。そして「この八葉蓮華は私たち衆生の胸の間にあるものだ」と絵巻の詞書には記されている。ここには「仏性はすべての人の心の内に宿っている」とする仏教教理（本覚思想《ほんがくしそう》）が背景にあることがうかがわれる。けれども、私たちの心のうちにあるのは「善」ばかりではない。「善悪」を越えた、様々な情念がある。たとえば暴力とエロスの欲動は、無意識に人間に働きかける力として、私たちの生活や行動を左右している。それをなんとかコントロールしながら、私たちは日々平穏に暮らしているのだ。仏によって地獄が制圧されてしまうとすると、私たちの欲動は行き場を失う。抑圧された情念は、かえって過重の負荷を私たちの心身にかけてしまうことになるだろう。社会のなかで生きるに際して、自らの邪心や悪行をどうすれば解消できるのか、その手立てが分からなくなってしまう。

むしろ、次のように考えてみるべきである。

この宇宙のなかに地獄があることによって、私たちは精神や日々の生活の安定をはかることができるのではないか。仮にそれが恐ろしい責め苦のイメージであったとしても、その恐ろしいイメージを心の内に抱くことによって、私たちは自らの行動を反省、自重しながら生きることができる。心と身体のバランスを保つことが許されているように思われる。完全に「善」のみが支配する世界は息苦しい。そこでは「善悪」に分別される以前の奔放なエネルギーの放出がなされるすべがないからだ。私たちは心身の自由を失ってしまう。

滅び行く地獄の状況を我が目で確認するために、十念寺本に描かれた場面を観てみよう（次頁・図7－1、2）。

雲に乗って飛来する文殊菩薩と普賢《ふげん》菩薩。仏画や仏像でしばしば規範とされた図像を参照し、文殊を中心とした一群は文殊渡海《もんじゅとかいず》図を模しており、普賢を中心とした一群は普賢十羅刹《じゅうらせつ》女像《じょぞう》を典拠とする。彼らの姿は神々《こうごう》しい。それを前にして逃げ出す獄卒たちは弱々しい。地獄の釜は割れて斜めに傾き、熱湯があふれだしている。続いて、剣を振るう不動明王・

図7-1　仏鬼軍絵巻 京都・十念寺蔵

図7-2　仏鬼軍絵巻 京都・十念寺蔵

牛の背に立つ大威徳明王・三面六臂《さんめんろっぴ》の金剛夜叉明王が暴れまわる場面。その勢いに押されて、獄卒たちは防戦一方である。仏たちの圧倒的な威力を前にたじろぐ獄卒たちが、私には哀れに感じられてならない。

私たちが死後に地獄に堕ちるのは、自業自得のゆえである。それゆえ、獄卒たちには罪はない。閻魔王の裁判は公明正大である。閻魔王にもなんら非難されるべきところはない。にもかかわらず、罪なき獄卒たちが痛めつけられ、閻魔王の領土が奪われるのは理不尽である。強国の力に屈して小国が蹂躙《じゅうりん》されるのは、ありがちなこととはいえ、世界の平和と均衡を欠いている。つまるところ、人を恐れさせる地獄があってこそ、その対極に人を幸福にする仏界の存在意義があり、その中間にいる私たちは現世において、「善」と「悪」とを自らの意志によって選択することができるのではないだろうか。

もしも宇宙が仏だけが支配する世界になってしまえば、私たちは自由に考え生きることの主体性を奪われてしまいかねない。地獄が制圧されてしまうなら、現世もまた仏の支配下におかれて、従属的にしか生きられなくなるに違いない。私たちが自ら進んで「善」と「悪」とを判断して生きる自由を得ているのは、仏の世界と地獄とが並んで存立しているからである。その意味で、地獄の存在意義は、思いのほか大きい。

地獄の沙汰も金次第

しかし理屈はどうあれ、このようにして、地獄は制圧されてしまった。

はたして、戦勝国である浄土から、敗戦国の地獄に対して、多額の戦争賠償金を求められ、浄土の維持費や仏の生活費も地獄の経費でまかなう取り決めができたとされる。結果、地獄ではその費用捻出のために、厳しい緊縮財政策がとられることになった。

閻魔王の裁定により、倶生神が出したと称される文書が『浮世の有さま』所収「天保十四年雑記」に収められている（『日本庶民生活史料集成』十一巻）。「地獄御触《じごくおふれ》の趣《おもむき》」と題されたこの文書は全十二箇条からなる。これまで殆ど知られていない史料であるので、省略をせず、全文の意訳を挙げておこう。どれも、なかなか面白い。

一、近頃の現世では何事も簡略化されて、仏事等も軽く扱われることが多くなった。それゆえに、地獄でも倹約を実行せざるを得ない。

一、まず極楽浄土へと往生する善人の処遇について改正する。以前は人が亡くなると、その人の品行にあわせて上中下に分けて阿弥陀聖衆がお迎えを行ってきたが、法事の布施物が軽くなった現在、今後はすべて下の下（下品下生《げぼんげしょう》）の来迎に統一すること。

一、菩薩の位に到達した往生人の場合でも、阿弥陀如来がわざわざ毎回出向く必要はなく、時に応じて観音・勢至《せいし》だけの来迎にとどめること。
一、往生者の頭上をおおう天蓋《てんがい》、往生者が乗るための蓮台《れんだい》なども不要とし、代わりに蓮の葉一枚で済ませること。
一、冥土に旅立つ死者は六文銭《ろくもんせん》を持参する習慣がある。この銭は、これまで牛頭・馬頭といった現場の獄卒たちがふところに入れていたが、これからは地獄・極楽それぞれにある役所の元締め役人に一括して納金すべし。役人はこの金の貸し付けを行い、利子を稼ぐこと。
一、極楽へ至るには船に乗るルートがあったが、船の維持費が高くつくので、これを廃止する。今後は陸路で行くこと。二十五菩薩による音楽の演奏もやめること。
一、賽の河原にいる地蔵菩薩の衣は、裾がすぐに破れてしまうので、今後は地蔵が河原に行くのは月三度に限ること。子どもへの手みやげは不要のこと。両親などから多額のお布施があって不可欠な場合でも、みやげ物は手軽な品に限ること。
一、十王が閻魔王庁へ出向くとき、これまでは束帯を着して威儀を正してきたが、これからは簡略化して袴だけで良しとする。ただし、閻魔王が臨席する日は羽織・袴を着用すべし。
一、三途の川辺で脱衣婆が死者から取り上げた死装束は、これまで地獄が受け取ってきたが、今後は極楽の役人に渡さなければならぬ。太布《たふ》でできた装束は（極楽を掃除するための）雑巾《ぞうきん》として利用すること。

一、極楽浄土の建造物は豪華な金銀瑠璃ではなく、安価な杉の丸太に胡粉《ごふん》を塗ったもので代用し、建造物周囲の敷き砂も金銀ではなく、代わりに石砂や浜砂を用いるべし。

一、浄頗梨鏡をきれいに磨く費用なども高くつくので、地獄の裁判も簡略化すべし。

一、獄卒の着衣は虎の皮の使用を禁止する。代わりに猫の皮、馬の皮をもってすべきこと。ただし、馬の皮で新調するのでは、かえって費用がかかるので、これまで使っていたものが丈夫なうちは、しばらくそれを用いるべきこと。

これもまた不思議な話である。地獄は異界であるはずなのに、現実世界の貨幣経済が浸透している。生死の境界は不明瞭となり、ましてや「善悪」の裁定などは、もはやまったく重視されていない。

江戸時代は三百年の長きにわたり大きな戦乱がなかった。饑饉などは全国で何度もあったが、それは政治経済によって実務的な対応がなされた。言い換えれば、かつてのように宗教的な対応（神仏への祈り）は大規模に求められるところではなくなっていた。それと連動して、人々の地獄への恐怖心も薄らいでいき、地獄の存在は軽んじられるようになったのだろう。

この触書が記された天保年間（一八三一〜四五）は、老中水野《みずの》忠邦《ただくに》による江戸幕府の緊縮財政政策がとられていた時期に当たる。それゆえ、現実の幕府による政策が地獄の有り様にも影響を及ぼしたのであろうと考えられている（石田瑞麿『日本人と地獄』）。

こうした地獄の様相は、俗に云うところの「地獄の沙汰も金次第」と称すべきものである。生への執着、死に対する畏れ、行為としての（あるいは心の内にある）「善悪」の問題は、地獄のイメージとは結びつかなくなっていた。宗教的な幻想を見失い、現実の価値観が地獄にまで及んだのが、江戸時代末期（十九世紀）の社会通念であったことがうかがわれる。

近代における地獄のイメージ

けれども、地獄は決して完全に忘れ去られることはなかった。

近代になってからも、地獄のイメージはしばしば人々の心をとらえて魅了した。

本書を締めくくるにあたり、太平洋戦争後の日本映画において表象された地獄について語っておきたい。かつては絵画（地獄絵）が担っていた異界のイメージの流布は、昭和時代になると映画（怪奇映画）がその役割を果たすようになった。ホーム・ヴィデオとは異なり、多数の観客が集まる映画館は大衆によるイメージの共有の場として機能した。

そのうちの一つ、衣笠貞之助《きぬがさていのすけ》監督「地獄門」（大映製作・配給）は、遠い昔の平安京を舞台とした暴力とエロスの映画である（図7－3）。映画のストーリーは次のとおりだ。

平治元年（一一五九）十二月、藤原信頼《のぶより》と彼に同心した武将らの軍勢が院御所・三条殿を襲撃。世に云う「平治《へいじ》の乱《らん》」が勃発した。このとき、信頼軍の目をあざむいて上西門院《じょうさいもんいん》（統《むね》子《こ》内親王）を逃がすため、院に仕えていた女房の袈裟《けさ》御前が身代わりとなる。その護衛を務めたのが遠藤武者盛遠《もりとお》。盛遠は一目見て、袈裟に恋慕の情を抱くようになる。盛遠は信頼軍と敵対する平清盛の側につき、乱の平定のために大いに活躍した。乱の終結後、清盛から「望みのものを褒美につかわす」と言われた盛遠は、地位でも所領でもなく、袈裟が欲しいと所望する。しかし、彼女はすでに御所の侍、渡辺《わたなべ》渡《わたる》の妻だった。あきらめきれぬ盛遠は、賀茂の競べ馬で渡と対決。盛遠が勝利するが、袈裟の心はなびくことはない。思いあまった盛遠は、強引に袈裟を脅して「俺の意にそわぬなら、渡を殺して、そなたを奪う」とまで口にする。従わねば夫の命がないと悟った袈裟は、盛遠の脅しを受け入れたふりをして「夫の渡を殺してくれ」

図7-3　衣笠貞之助監督「地獄門」

と伝えた。その夜、渡の自宅を襲撃した盛遠は、暗闇の中で誤って袈裟を斬り殺してしまう。夫の命を守ることが第一と心に決めた袈裟は、自ら進んで身代わりとなり、盛遠の刃を受けたのであった。渡は妻がなにも事情を打ち明けず、ひとり我が身を犠牲にして死を選んだことを、嘆き悲しむ。盛遠は自分の愛欲のせいで、袈裟を死に至らせたことに、深い後悔の念を抱く。渡の前で盛遠は髻《もとどり》を切り、武士の身分を捨て、出家したのであった。

カラーフィルムで撮影された本作品は、衣裳の華麗さ、そしてそれに身を包んだ京マチ子演じる袈裟の美しさが光り輝く映画である。袈裟の夫である渡辺渡を演じたのは山形勲。御所の武士とはいいながら物静かで、妻に優しく愛情をそそぐ役柄を演じている。それに対して、盛遠役の長谷川一夫は豪放で、ただひたすらに袈裟を追い続け、そして追い詰めていく。他の映画では正義の味方を演じることの多い長谷川一夫だが、ここではラストの出家に至るまで、悪役に徹している。美男子だけに、その悪役ぶりは凄みをもつ。

本映画には直接的には地獄の実景は映し出されない。ほんの数カット、法性寺《ほつしようじ》の山門に掛けられた地獄絵が挿入されるだけだ。この地獄絵は色落ちしていて、色彩豊かな現実世界とは対照的なものとして映し出される。しかしというか、それだからこそ、その地獄絵こそは、愛欲に狂い我を忘れて猛進する盛遠の暗い心の内面を象徴しているかのごとく見えて、映画のなかで印象的だ。本作品のタイトルが「地獄門」とされたのは、このことによるのだろう。

本映画は一九五四年度のカンヌ国際映画祭でグランプリ（最高賞）を獲得。ほかにもアメリカのアカデミー賞において名誉賞と衣裳デザイン賞、ニューヨーク批評家協会賞において外国語映画賞などを受賞している。

続いては、中川信夫《なかがわのぶお》監督「地獄」（新東宝製作・配給）を観てみたい（図7－4）。昭和三十五年（一九六〇）公開の作品だ。

図7-4　中川信夫監督「地獄」

或る夜、田村は自動車を運転していて、志賀恭一というヤクザ者をひき殺してしまうが、そのまま逃走。ひき逃げ事件を起こしたのだが、罪の意識は希薄であった。このとき、助手席に同乗していた清水四郎は、良心の呵責に耐えかねる。婚約者の矢島幸子に打ち明けて、二人で警察に事情を話しに行こうとした。ところが、行く途中で乗ったタクシーが交通事故を起こし、幸子は亡くなってしまう。その後も、四郎に悪霊が取り憑いたかのごとく、四郎の父母、父の経営する養老施設の老人たち、父・剛造の内縁の妻・絹子、そして田村も命を落とす。四郎自身も復讐心に燃える恭一の母・志賀やすの手にかかり、絞殺されてしまう。この映画前半で、登場人物全員が死んでしまうのだ。そして、後半へ。彼らは皆そろって地獄へ堕ちる。賽の河原で幸子と再会した四郎は、幸子が子どもを身籠もっていたと聞かされる。その子に会いたいと願った四郎は、地獄巡りの旅に出る。六道の辻を歩き、等活地獄へと至り、釜ゆでや鋸挽きの刑、皮剝ぎの刑などを目の当たりにする。真っ黒な暗冥地獄、赤く染まった血の池地獄を経て、火車に載せられた赤子を発見。なんとか助け出そうとするのだが、その努力は報われない。映画のラストシーンは明るい光に包まれるが、一体だれがどうして救われたのか、あるいは、だれもどうしても救われなかったのかは不明瞭なまま、幕が降りる。

沼田曜一が演じる田村は、現世でも地獄でも、悪魔的で不気味な振る舞いをみせる。それに対して、天知茂が演じるところの清水四郎は、どこまでも受け身で、運命に翻弄される役どころだ。四郎の父の養老施設に居候する絵師・谷口円斎を演じるのは大友純。醜悪な容貌の円斎が描く地獄絵が、現世と他界とを結びつける視覚イメージ装置として、本作品において重要な役割をはたしている。

この映画の見どころは、ストーリー展開よりも、地獄の風景の特殊撮影である。もちろん、現在のコンピューター・グラフィックスに比べれば素朴な映像に違いないのだが、その素朴さがかえって、なんとも怪異な雰囲気を醸《かも》し出す。暗闇のなかでブルーライトに照らされた亡者たちが群れ集う地獄の風景は、まるであたかも、かつて社寺の縁日に境内に仮設された見世物小屋の暗い舞台のようである。淫靡《いんび》な世界というにふさわしい。

この作品を監督した中川信夫は、怪奇映画を得意とした。昭和三十二年（一九五七）公開「怪談かさねが渕」、昭和三十四年（一九五九）公開「東海道四谷怪談」、昭和五十七年（一九八二）公開「怪異談 生きてゐる小平次」などを撮ったことで知られている。戦後の日本で、これらの映画は大いに人気を博した。

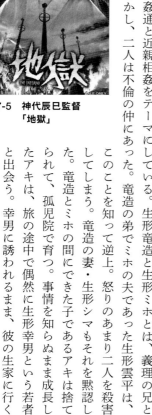

最後に紹介するのは、神代辰巳《くましろたつみ》監督「地獄」（東映京都撮影所製作、東映配給）。昭和五十四年（一九七九）公開の作品である（図7－5）。

図7-5　神代辰巳監督「地獄」

この映画は姦通と近親相姦をテーマにしている。生形《うぶかた》竜造と生形ミホとは、義理の兄と妹の間柄。しかし、二人は不倫の仲にあった。竜造の弟でミホの夫であった生形雲平は、このことを知って逆上。怒りのあまり二人を殺害してしまう。竜造の妻・生形シマもそれを黙認した。竜造とミホの間にできた子であるアキは捨てられて、孤児院で育つ。事情を知らぬまま成長したアキは、旅の途中で偶然に生形幸男という若者と出会う。幸男に誘われるまま、彼の生家に行くのだが、そこでアキは地滑りにあって死にかけた。そのとき、自分が生形の血を引いていることを、姦通の罪で地獄に堕ちた母の霊から告げられる。そして、生形家への復讐を母から託される。母の怨念に導かれるようにして、アキの手にかかり、次々と命を落とす生形家の人々。その一方で、アキと幸男は互いに恋い焦がれる。二人は共に竜造を父とする腹違いの兄妹であるのだが、ついには肉体関係を持ってしまう。近親相姦である。そして、アキと幸男は抱き合いながら、共に死んでいったのだった。このあと場面は一転、現世から地獄へと物語は移行する。まずアキを迎えたのは脱衣婆と懸衣翁。アキの着ていた衣を脱がして、衣領樹に掛ける。続いて閻魔王庁へと引き出され、裁きを受ける。「母に一目会いたい」と願うアキに対して、閻魔王は地獄めぐりを命じる。そこで出会ったのは、火中へと落ちていく亡者たち、石臼ですりつぶされる亡者たち、互いに敵対心を抱いて戦う亡者たち、刀葉樹に群がる亡者たち……。そのような悲惨な亡者たちに混じって、アキの母・ミホは食肉獣と化していたのであった。血を分けた我が娘とも気づかずに、母はアキに襲いかかってくる。アキは抵抗せず、自ら喰われることを受け入れる。因果と輪廻の果てにおいて、ラストはスタンリー・キューブリック監督「２００１年宇宙の旅」を思わせるような、壮大なシーンで幕引きとなる。

本作品には前述の二作とは違って、本編中に地獄絵は登場しない。代わりに笠卒塔婆《かさそとば》が重要な視覚イメージ装置として機能する。笠卒塔婆の上部には鉄輪がついており、これを回してぴたりと静止すれば極楽往生が叶い、一度止まったあと逆に回転したなら地獄へ堕ちると云われる。アキが回すと、必ず鉄輪は逆に回り出す。運命に翻弄されて、地獄堕ちを免れることのできぬアキの生涯を、笠卒塔婆は象徴している。

竜造とミホの殺害、アキの出生の秘密、アキの身代わりとして別の子を育てたことなど、全ての事情を知りながら淡々と生きる、生形シマの存在が本映画のなかでは光っている。これを演じたのは岸田今日子。能面のような無表情さが不気味である。また、暴力と愛欲そして酒に溺れ、最後にはアキ（このときにはミホの霊が乗り移っている）に殺されてしまう生形雲平を演じたのは田中邦衛。彼の狂気を孕んだ目つきも印象的だ。そして、アキを演じた原田美枝子は、惜しげもなく自らの裸体（ヌード）を数々のシーンでさらけ出す。もともと日活ロマンポルノの監督であった神代辰巳の演出によるものだろう。

かくのごとく、昭和時代の地獄をテーマにした映画作品からは、いずれも暴力とエロスの匂いが鮮烈に漂ってくる。戦後の復興～高度経済成長～オイルショック～バブルの到来の時代に映画を観に来た人たちが「地獄」に求めていたのは、宗教的な戒めなどではない。暴力とエロスの欲動が発現され、その結果、否応なく地獄堕ちする登場人物たちの生き様であった。衣笠貞之助、中川信夫、神代辰巳はそれぞれ全く個性の異なる監督だが、彼らはいずれも観る者の「まなざし」を十分に意識して、欲動を満たすための作品制作に臨んだ。かつての絵巻や掛幅の地獄絵に代わり、大衆文化としての映画が二十世紀後半の人々の「まなざし」を惹きつけた。

絵画から映画へとメディアは変化したものの、しかし、そこに映し出された情念は、さかのぼって室町時代、鎌倉時代、平安時代の地獄絵に込められた心情と重なり、互いに通じ合うものであった。昭和の時代には都市と農村、富める者と貧しい者、土地開発と自然破壊、そういった格差や矛盾が露呈してくるに連れて、表面的には戦後の明るく平和な生活を営む人たちの、その心の片隅に、暗く陰惨な地獄のイメージが再び想起されるようになったのである。

このようにして、視覚イメージとしての地獄の復興は果たされた。

*　*　*

振り返ってみれば本書は、河鍋暁斎筆「地獄太夫」から始まり、古代・中世・近世・近代にわたる数多くの作品に「まなざし」を向けつつ考察してきた。それを通じて、なぜ私たちは「地獄」に惹きつけられ、魅了されるのか、その理由を具体的かつ実証的に説き明かすことを各章それぞれにおいて目指した。

そうした観察と考察を経ることにより到達したのは、地獄絵や地獄映画などは、表層的には悪を戒め封じ込めるかのように見えるものの、実は深層的には私たちの心のなかにある暗い欲動を認め解放してくれるための視覚イメージとして機能してきたこと、すなわち、過去から現在そして未来へと地獄が存在する意義と歴史的な必然性とが確かめられたのである。

どんなに科学が進歩しようとも、私たちの子や孫も、おそらくきっと地獄のイメージを完全に忘れ去ることはないであろう。むしろ、科学の進歩による人間の精神の解明が進めば進むほどに、無意識下にある欲動の在り方はさらに重要視されることになるだろう。

参考文献

第一章　地獄の誘惑

Bunkamuraザ・ミュージアムほか編『これぞ暁斎!』展覧会図録、二〇一七年
山東京傳全集編集委員会編『本朝酔菩提全伝（山東京傳全集第十七巻読本3）』ぺりかん社、二〇〇三年
ジュリア・ミーチ「国芳と地獄太夫」（MIHO MUSEUM編『ニューヨーカーが魅せられた美の世界：ジョン・C・ウェバー・コレクション』展覧会図録、二〇一五年）
家永三郎編『地獄草紙・餓鬼草紙・病草紙（新修日本絵巻物全集7）』角川書店、一九七六年
真保亨編『地獄絵』毎日新聞社、一九七六年
S・フロイト（竹田青嗣編・中山元訳）『自我論集（ちくま学芸文庫）』筑摩書房、一九九六年
S・フロイト（中山元編訳）『エロス論集（ちくま学芸文庫）』筑摩書房、一九九七年
S・フロイト（中山元訳）『人はなぜ戦争をするのか（光文社古典新訳文庫）』光文社、二〇〇八年
S・フロイト（種村季弘訳）『砂男 不気味なもの（河出文庫）』河出書房新社、一九九五年

第二章　地獄へ旅立つ

辻惟雄「老いの坂圖」（『国華』一三八八号、二〇一一年）
徳田和夫「『おいのさか図』の解析に向けて」（『絵解き研究』二三号、二〇一一年）
黒田日出男「熊野観心十界図の宇宙」（『性と身分（大系仏教と日本人8）』春秋社、一九八九年）
小栗栖健治『熊野観心十界曼荼羅』岩田書院、二〇一一年
矢島新「新出の六道絵六幅対をめぐって」（『国華』一一二〇号、一九八九年）
鷹巣純「茨木市水尾弥勒堂所蔵「六道十王図に関する基礎的考察」（『愛知教育大学研究報告（人文・社会科学）』四六号、一九九七年）
田村正彦「三途の川の信仰について――王朝の物語と十王経――」（加須屋誠編『図像解釈学（仏教美術論集4）』竹林舎、二〇一三年）
原知里「中世における奪衣婆の受容と認識について」（『絵解き研究』二三号、二〇一一年）
柳田国男『妹の力（角川ソフィア文庫）』角川書店、二〇一三年
富山県［立山博物館］編『立山の地母神　おんばさま』展覧会図録、二〇〇九年
さいたま川の博物館編『日本人の他界観を探る――三途の川――』展覧会図録、一九九九年
斉藤研一『子どもの中世史』吉川弘文館、二〇〇三年

第三章　地獄をめぐる

石田瑞麿校注『源信（日本思想大系6）』岩波書店、一九七〇年
石田瑞麿『地獄（法蔵選書）』法蔵館、一九八五年
花山勝友訳『往生要集』徳間書店、一九七二年
小林太市郎『大和絵史論（小林太市郎著作集5）』淡交社、一九七四年
中村元訳『ブッダのことば（岩波文庫）』岩波書店、一九八四年

大串純夫「法成寺十斎堂の地獄絵」(『美術研究』一七六号、一九五四年)
阿部美香「醍醐寺焔魔堂史料三題」(『国立歴史民俗博物館研究報告』一〇九集、二〇〇四年)
高田衛『女と蛇』筑摩書房、一九九九年
赤松啓介『女の歴史と民俗』明石書店、一九九三年
東野治之「日記にみる藤原頼長の男色関係」(『ヒストリア』八四号、一九七九年)
五味文彦『院政期社会の研究』山川出版社、一九八四年
松尾剛次『破戒と男色の仏教史』(平凡社新書)平凡社、二〇〇八年
乃至政彦『戦国武将と男色』(歴史新書)洋泉社、二〇一三年
西田直樹編著『「仮名書き絵入り往生要集」の成立と展開』和泉書院、二〇〇一年
山本聡美・西山美香編『九相図資料集成』岩田書院、二〇〇九年
黒田日出男『姿としぐさの中世史』(イメージ・リーディング叢書)平凡社、一九八六年
泉武夫・加須屋誠・山本聡美編著『国宝　六道絵』中央公論美術出版、二〇〇七年

第四章　閻魔王の裁き

中野照男著編『閻魔・十王像』(日本の美術)至文堂、一九九二年
岩本裕『地獄めぐりの文学』(佛教説話研究第四巻)開明書院、一九七九年
小南一郎「『十王經』の形成と隋唐の民衆信仰」(『東方學報』七四号、二〇〇二年)
速水侑『平安貴族社会と仏教』(日本宗教史研究叢書)吉川弘文館、一九七五年
伊東史朗「醍醐寺炎魔天坐像と瞳嵌入」(『平安時代彫刻史の研究』名古屋大学出版会、二〇〇〇年)
中野玄三『六道絵の研究』淡交社、一九八九年
山本聡美「鳥羽炎魔天堂の場と造形」(加須屋誠編『図像解釈学(仏教美術論集4)』竹林舎、二〇一三年)
阿部美香「醍醐寺焔魔王堂再考」(『説話文學研究』五一号、二〇一六年)
梶谷亮治「日本における十王図の成立と展開」(『佛教藝術』九七号、一九七四年)
長尾佳代子「漢訳仏典における『倶生神』の解釈」(『パーリ学仏教文化学』一三号、一九九九年)
J・ラカン(宮本忠雄ほか訳)『エクリI』弘文堂、一九七二年
鷹巣純「悪道の母子」(立川武蔵編『曼荼羅と輪廻』佼成出版社、一九九三年)
鷹巣純「バーチャル・メディアとしての六道絵」(説話文学会編『説話から世界をどう読み明かすのか』笠間書院、二〇一三年)
脇田晴子『日本中世女性史の研究』東京大学出版会、一九九二年
沢山美果子『出産と身体の近世』勁草書房、一九九八年
本井牧子「十王経とその享受」(『國語國文』六七巻六号・七号、一九九八年)
千野香織「日本美術のジェンダー」(『千野香織著作集』ブリュッケ、二〇一〇年)

第五章　地獄絵を観た人たち

N・ブライソン(高山宏訳)「ニュー・アート・ヒストリーNew (or

Not So New ?) Art History」（丸善新刊洋書案内『Eyes』七号、一九九五年）
加藤哲弘『美術史学の系譜』中央公論美術出版、二〇一八年
髙岸輝「絵巻マニアの絵巻評」（サントリー美術館編『絵巻マニア列伝』展覧会図録、二〇一七年）
川口久雄校注『菅家文草・菅家後集（日本古典文学大系72）』岩波書店、一九六六年
黒板勝美編『日本高僧傳要文抄・元亨釋書（新訂増補 國史大系31 新装版）』吉川弘文館、二〇〇〇年
錦仁『東北の地獄絵』三弥井書店、二〇〇三年
寺山修司『誰か故郷を想はざる（角川文庫）』角川書店、二〇〇五年
渡辺実校注『枕草子（新日本古典文学大系25）』岩波書店、一九九一年
日本随筆大成編輯部編「清風瑣言」「近世奇跡考」（日本随筆大成第2期6 新装版）吉川弘文館、一九九四年
風巻景次郎・小島吉雄校注『山家集・金槐和歌集（日本古典文学大系29）』岩波書店、一九六一年
錦仁「『聞書集』の『地獄絵を見て』」（『国文学 解釈と鑑賞』五五巻八号、一九九〇年）
増補史料大成刊行会編『吉記（増補 史料大成29・30）』臨川書店、一九六五年
加須屋誠・山本聡美編著『病草紙』中央公論美術出版、二〇一七年
加須屋誠「鏡の中の鏡」（『美術フォーラム21』一二号、二〇〇五年）
加須屋誠「東アジア・日本の仏教世界における地獄観」（西山克編『地獄への招待』臨川書店、二〇一八年）

第六章　地獄からの生還者たち

立花隆『臨死体験（上・下）』文藝春秋、一九九四年
奈良国立博物館編『社寺縁起絵』角川書店、一九七五年
京都国立博物館編『六道絵』展覧会図録、一九八二年
眞鍋廣済・梅津次郎編『地蔵霊験記絵詞集』古典文庫、一九五七年
梅津次郎「志度寺絵縁起について」（『絵巻物叢考』中央公論美術出版、一九六八年）
和田茂樹・友久武文・竹本宏夫編『瀬戸内寺社縁起集（中世文芸叢書）』広島中世文芸研究会、一九六七年

第七章　地獄の衰退と復興

白畑よし「仏鬼軍絵巻について」（『大和文化研究』七二号、一九六四年）
本井牧子「室町時代物語『仏鬼軍』について：新出本の紹介を兼ねて」（『京都大学國文學論叢』五号、二〇〇〇年）
京都大学文学部国語学国文学研究室編『京都大学蔵むろまちものがたり』第二巻、臨川書店、二〇〇一年
谷川健一ほか編『日本庶民生活史料集成』第十一巻、三一書房、一九七〇年
石田瑞麿『日本人と地獄』春秋社、一九九八年
衣笠貞之助監督『地獄門 デジタル復元版[DVD]』角川書店、二〇一四年
中川信夫監督『地獄[DVD]』ハピネット・ピクチャーズ、二〇〇〇年
神代辰巳監督『地獄[DVD]』東映株式会社、二〇一二年

口では「地獄なんて嫌だ」という人は数多い。しかし、実は地獄に興味を持つ人は決して少なくない。老いも若きも男も女も、なぜか地獄に心惹かれる。それは一体なぜなのか？

本書はそうした疑問に答えるために、地獄めぐりの旅路を歩み、そこかしこで立ち止まりつつ考えた、記録と省察である。

かつて人々が地獄を忌避しつつも、それに「まなざし」を向けることを厭《いと》わず、むしろ積極的に地獄絵（あるいは地獄映画）を制作し、それを享受してきたのは、理由《わけ》がある。

それは、地獄はどこか遠くにある、縁もゆかりもない異界だからではなく、自分自身の心のうちに地獄の本質があらかじめ組み込まれているからにほかならない。それは遠い昔の人たちばかりではない。現在の私たちも同じなのだ。不気味なものとは実は馴染みのものであり、それは精神的には避けがたく、否応なく万人の心に繰り返し想起されるイメージとなるのだ。

おわりに際して、第一章で記したことを、もう一度繰り返そう。

心のなかに暴力とエロスの欲動を秘めた私たちは、皆平等に生まれながらにして、地獄に堕ちる資質を与えられている。

こうして一文にして取り出すと、なんだかまるで呪咀の言葉のようである。

しかし、この資質から目を逸らすべきではない。ましてや恥じ入ることでもない。さまざまな欲動を胸中に抱きながら、それにもかかわらず、社会の安定と世界の平和と人々の幸福のために日々努力することを怠らない「人間」という存在に対して、私たちはむしろ胸を張り、人として生きることに誇りを感じるべきであろう。

地獄絵を真剣に観ることは、無意識にある自分自身の本性に目を向けることである。自分の暗部を知ること、それは逆説的に聞こえるかも知れないが、自身を明るい未来に向けて開いていくことへと通じる。自身を省察することなくしては、正しき道は拓かれない

——私は、そう信じている。

本書は二〇一八年四月初めから書き始め、同年五月半ばに書き終えた。一ヵ月半という比較的短期間で初稿は成り、それを編集者に届けたのだが、その後、編集者の手元に約三ヵ月近く留め置かれた。夏になって、編集者より送り返されてきた原稿は、全章にわたって数多くの朱筆が書き加えられていた。正直に私の気持ちを言えば、最初は少々ムッとし

た。しかし、しばらくして有り難く思うに至った。朱筆は、著者である私以上に、編集者が丹念に原稿を読み、全体の構成や一文一文のつながりなど、細やかなチェックを入れてくれたことの証しである。おかげで、それをもとに書き改めた二稿は、初稿よりもはるかに読みやすく、かつ内容の濃いものとなった。

こうした作業は、ネット上のつぶやきやブログではあり得ないことである。それは、本を造ることの醍醐味と云ってよい。図版を多く掲載することの必要性を認め、新書という形式のなかで許される限り、それを実現してくれたのも、編集者の努力の賜物である。

編集に当たられた坂本瑛子氏に、感謝を申し上げる。坂本さんは秋からご出産のための休暇に入られたが、そのあとを継いで、本文校正や図版掲載許可など細やかな作業を的確かつ迅速に行ってくれた丸山勝也氏にも、「ありがとう」の気持ちを心からお伝えしたい。

実は坂本さんは、私が大学教員であった頃の教え子であった。かつて学部や大学院のゼミにて共に美術史の研究に励んだ彼女と、今度は共に一書をものすることができた。そのことを、個人的に私はとても嬉しく思う。

しかし、本は個人の自己満足のためにあるものではなく、社会的に機能するためにある。願わくば、私たちが努力して創り出したこの本が、多くの読者の手に届き、そのうちの少なからずの人たちが地獄絵を見直し、イメージとしての地獄を介して心の内に秘められた無意識の欲動について、あらためて思いをめぐらして頂ければ、幸いである。

二〇一九年四月　「平成」に代わる新元号「令和」が発表された日に

加須屋　誠

挿図一覧

巻頭
河鍋暁斎筆「地獄太夫と一休」（部分）イスラエル・ゴールドマン・コレクション　協力：立命館大学アート・リサーチセンター

第一章　地獄の誘惑
図1-1　地獄之洼衣（『本朝酔菩提全伝』挿図）
図1-2　地獄草紙（雲火霧処）東京国立博物館蔵 Image: TNM Image Archives
図1-3　地獄草紙模本（邪見処）東京国立博物館蔵（真保亨著『地獄絵』毎日新聞社、一九七六年）

第二章　地獄へ旅立つ
図2-1　老いの坂図　東京国立博物館蔵 Image: TNM Image Archives
図2-2　熊野観心十界図　兵庫県立歴史博物館蔵
図2-3　六道十王図（第一幅・死の山）出光美術館蔵
図2-4　十王図（第一幅・三途の川）水尾弥勒堂蔵（奈良国立博物館『源信　地獄極楽への扉』展覧会図録、二〇一七年）
図2-5　十王地獄図（左幅・脱衣婆）出光美術館蔵
図2-6　媼尊（おんばさま）像　芦峅寺蔵（富山県〔立山博物館〕『立山の地母神　おんばさま』展覧会図録、二〇〇九年）
図2-7　歌川国芳筆「ひょうばんのばばや」新宿歴史博物館蔵（さいたま川の博物館『日本人の他界観を探る　三途の川』展覧会図録、一九九九年）
図2-8　賽之河原図（『本朝酔菩提全伝』挿図）

第三章　地獄をめぐる
図3-1　世界大相図（須弥山と贍部州）龍谷大学図書館蔵（龍谷大学学術情報センター大宮図書館『仏教と科学、人生の終末・救いと科学』展覧会図録、二〇〇四年）
図3-2　地獄の配置図（定方晟『須弥山と極楽』講談社現代新書、一九七三年）
図3-3　地獄の刑期と苦しみ（兵庫県立歴史博物館『地獄』展覧会図録、一九九〇年）
図3-4　六道絵（等活地獄幅・互いに敵対心を抱く亡者）聖衆来迎寺蔵
図3-5　六道絵（等活地獄幅・獄卒に切り刻まれる亡者）聖衆来迎寺蔵
図3-6　六道絵（等活地獄幅・釜ゆでになる亡者）聖衆来迎寺蔵
図3-7　六道絵（黒縄地獄幅・鉄の縄を渡ろうとする亡者）聖衆来迎寺蔵
図3-8　十王地獄図（左幅・墨縄を施される亡者）出光美術館蔵
図3-9　六道絵（黒縄地獄幅・縄で縛られた亡者）聖衆来迎寺蔵
図3-10　六道絵（衆合地獄幅・刀葉樹）聖衆来迎寺蔵
図3-11　十王地獄図（右幅・刀葉樹）出光美術館蔵
図3-12　六道絵（衆合地獄幅・悪見処）聖衆来迎寺蔵
図3-13　六道絵（衆合地獄幅・多苦悩）聖衆来迎寺蔵
図3-14　衆合地獄（『和字絵入往生要集』挿図）
図3-15　十王地獄図（右幅・口に溶銅を流し込まれる亡者）出光美術館蔵
図3-16　六道絵（右幅・舌を抜かれる亡者）極楽寺蔵（奈良国立博物館『源信　地獄極楽への扉』展覧会図録、二〇一七年）
図3-17　北野天神縁起（巻七・猛火に焼かれる亡者）北野天満宮蔵

（小松茂美監修『続日本の絵巻』一五巻、中央公論社、一九九一年）
図3－18 大焦熱地獄（『和字絵入往生要集』挿図）
図3－19 六道絵（阿鼻地獄幅・落下する亡者）聖衆来迎寺蔵
図3－20 六道絵（阿鼻地獄幅・火車）聖衆来迎寺蔵
図3－21 六道絵（阿鼻地獄幅・狗）聖衆来迎寺蔵
図3－22 六道絵（阿鼻地獄幅・蛇）聖衆来迎寺蔵
図3－23 地獄草紙模本（十一焰処）東京国立博物館蔵（真保亨著『地獄絵』毎日新聞社、一九七六年）

第四章　閻魔王の裁き

図4－1 両界曼荼羅（胎蔵界・閻魔天）教王護国寺蔵（東寺国宝館『東寺の両界曼荼羅図 連綿たる系譜―甲本と西院本―』展覧会図録、一九九四年）
図4－2 閻魔天像 醍醐寺蔵（京都国立博物館『王朝の仏画と儀礼』展覧会図録、一九九八年）
図4－3 閻魔天曼荼羅（閻魔天）京都国立博物館蔵（京都国立博物館『王朝の仏画と儀礼』展覧会図録、一九九八年）
図4－4 六道絵（閻魔王庁幅・閻魔王と五官）聖衆来迎寺蔵
図4－5 六道絵（閻魔王庁幅・司命）聖衆来迎寺蔵
図4－6 六道絵（閻魔王庁幅・司録）聖衆来迎寺蔵
図4－7 六道絵（閻魔王庁幅・倶生神〔善〕）聖衆来迎寺蔵
図4－8 六道絵（閻魔王庁幅・倶生神〔悪〕）聖衆来迎寺蔵
図4－9 六道絵（閻魔王庁幅・浄頗梨鏡）聖衆来迎寺蔵
図4－10 六道絵（閻魔王庁幅・我が子に訴えられる母親）聖衆来迎寺蔵
図4－11 歌川国明筆「子がえしする人の始末」公文教育研究所蔵（東武美術館『浮世絵の子どもたち』展覧会図録、一九九四年）
図4－12 十王と本地仏『地獄菩薩発心因縁十王経』（『大日本続蔵経』所収本による）
図4－13 十王地獄図（右幅・十王）出光美術館蔵
図4－14 十王地獄図（左幅・十王）出光美術館蔵

第五章　地獄絵を観た人たち

図5－1 熊野比丘尼絵説図（『近世奇跡考』挿図）

第六章　地獄からの生還者たち

図6－1 春日権現験記絵模本（巻六・閻魔王庁）東京国立博物館蔵 Image: TNM Image Archives
図6－2 春日権現験記絵模本（巻六・地獄の光景）東京国立博物館蔵 Image: TNM Image Archives
図6－3 矢田地蔵縁起（下巻・武者所康成の救済）京都・矢田寺蔵（九州国立博物館『国宝大絵巻展』展覧会図録、二〇〇八年）
図6－4 融通念仏縁起（下巻・北白川の下僧の妻の救済）京都・清凉寺蔵（松原茂編『日本の美術』No.三〇二「融通念仏縁起」至文堂、一九九一年）
図6－5 不動利益縁起（閻魔王庁）東京国立博物館蔵 Image: TNM Image Archives
図6－6 志度寺縁起（第四幅・閻魔王庁）香川・志度寺蔵

第七章　地獄の衰退と復興

図7－1 仏鬼軍絵巻　京都・十念寺蔵
図7－2 仏鬼軍絵巻　京都・十念寺蔵
図7－3 衣笠貞之助監督「地獄門」
図7－4 中川信夫監督「地獄」
図7－5 神代辰巳監督「地獄」

講談社現代新書　2527

地《じ》獄《ごく》めぐり

二〇一九年六月二〇日第一刷発行

著者　加《か》須《す》屋《や》 誠《まこと》

発行者　渡瀬昌彦

発行所　株式会社講談社

東京都文京区音羽二丁目一二―二一　郵便番号一一二―八〇〇一

電話　〇三―五三九五―三五二一　編集（現代新書）

〇三―五三九五―四四一五　販売

〇三―五三九五―三六一五　業務

装幀者　中島英樹

印刷所　凸版印刷株式会社

製本所　株式会社国宝社

定価はカバーに表示してあります　Printed in Japan

N.D.C. 210　230p　18cm

ISBN978-4-06-516147-0

「講談社現代新書」の刊行にあたって

教養は万人が身をもって養い創造すべきものであって、一部の専門家の占有物として、ただ一方的に人々の手もとに配布され伝達されうるものではありません。

しかし、不幸にしてわが国の現状では、教養の重要な養いとなるべき書物は、ほとんど講壇からの天下りや単なる解説に終始し、知識技術を真剣に希求する青少年・学生・一般民衆の根本的な疑問や興味は、けっして十分に答えられ、解きほぐされ、手引きされることがありません。万人の内奥から発した真正の教養への芽ばえが、こうして放置され、むなしく滅びさる運命にゆだねられているのです。

このことは、中・高校だけで教育をおわる人々の成長をはばんでいるだけでなく、大学に進んだり、インテリと目されたりする人々の精神力の健康さえもむしばみ、わが国の文化の実質をまことに脆弱なものにしています。単なる博識以上の根強い思索力・判断力、および確かな技術にささえられた教養を必要とする日本の将来にとって、これは真剣に憂慮されなければならない事態であるといわなければなりません。

わたしたちの「講談社現代新書」は、この事態の克服を意図して計画されたものです。これによってわたしたちは、講壇からの天下りでもなく、単なる解説書でもない、もっぱら万人の魂に生ずる初発的かつ根本的な問題をとらえ、掘り起こし、手引きし、しかも最新の知識への展望を万人に確立させる書物を、新しく世の中に送り出したいと念願しています。

わたしたちは、創業以来民衆を対象とする啓蒙の仕事に専心してきた講談社にとって、これこそもっともふさわしい課題であり、伝統ある出版社としての義務でもあると考えているのです。

一九六四年四月　野間省一